幼儿园
互动式主题课程

大班

主　　编	郝江玉	董晓妍	
编委会主任	张　霞	周游莉	刘　莹
编　　委	李传斌	甄　蕾	刘　惠　刘　洁
	刘　蕾	王红梅	于　虹　闫荣林
	杨虹茜	何　琛	崔　健　陈鹤婷
	陈海霞	康亚萍	李　筠　高　原
	陈晓东	靳　艳	海文华

复旦大學 出版社

序

  10年前的一次偶然机会，我有幸走进了富有朝气和活力的郑州市实验幼儿园，认识了集教育智慧、管理水平于一身的郝江玉园长和一群充满幼教情怀、拥有专业实力的老师，也由此结下了彼此依赖的共长关系。10年的时间，我在不知不觉中成为幼儿园中的一员，也在不知不觉中实现了从"局外人"到"局内人"的转变。与此同时，我也见证了一所拥有60多年办园历史的河南省首批省级示范性幼儿园如何在创新中成长，如何在改革中奋进，又如何把"幸福教育"的办园理念渗透到幼儿一日生活的方方面面。现在，我们的互动式主题课程正式出版了，就像两年前我们的相关成果荣获了河南省基础教育改革一等奖时的心情一样，我是发自内心地感到高兴和自豪！但我也清楚地知道，幼儿园的课程是一个持续建构的过程，它应跟随着儿童的成长和社会对人才需求的变化而不断更新。

  互动式主题课程秉承"幸福教育"的办园理念，以《幼儿园教育指导纲要（试行）》《3—6岁儿童学习与发展指南》及《幼儿园工作规程》等纲领性文件为行动指南，在遵循幼儿身心发展规律的基础上，以主题活动的方式来统整五大领域的教育内容，并通过搭建幼儿探索"我-你"世界和"我-它"世界的桥梁，激励和引导幼幼之间、师幼之间、幼儿与环境之间、教师与教师之间、家庭与幼儿园之间等多层次、多维度的互动。

  互动式主题课程在"以共同生活为主要教育情境、以多元互动为主要教育方式和以共同幸福为主要教育追求"的课程理念之下，逐渐形成了以季节和时令为纵线，以本土文化资源、家长资源和环境资源为横线，以集体教育活动、区域游戏活动、户外体育活动、生活及过渡活动、民族特色

活动和园内亲子活动为主要形式的课程体系。同时，围绕近30个主题，经过3轮的教育教学实践设计出了200多个具有较强指导性、实效性的活动方案，形成了幼儿园活动、亲子活动与社会实践活动相互交融的立体式课程架构，并借助发展性评价来评估幼儿身心发展的整体性与均衡性。

互动式主题课程是郑州市实验幼儿园连续多年内涵发展与课程创新的成果，是基于本土文化资源、教育资源和环境资源而建构出来的一套经过实践检验的系统课程体系，也是不断通过过程性的课程审议逐步完善的完整课程方案。因此，该课程具有较强的普适性、可借鉴性和开放性。当然，任何一套课程都需要不断审议和完善，也需要根据幼儿和幼儿园的发展不断拓展和调适。我愿和郑州市实验幼儿园的老师们一起，不忘初心，躬身前行，为孩子们的美好明天贡献一份幼教工作者的光和热。

岳亚平

河南大学教育科学学院教授

前言

郑州市实验幼儿园（以下简称"郑州实幼"）始建于1958年，1998年首批被评为省级示范性幼儿园。在60多年的办园历程中，郑州实幼团队一直坚持以"幸福教育"的理念去理解教育、理解孩子、理解我们为之付出的工作和生活。

郑州实幼以"爱心育人、慧心做事"的原则为指导，让每一个孩子在丰富适宜的教育情境中、愉快平等的心理氛围中快乐学习、主动发展，让每一位教师在教育的过程中，体会从教的乐趣，享受教育的幸福，让每一位家长在陪伴和参与的过程中，感受孩子健康成长的幸福。我们的愿景就是让幼儿园成为每个孩子幸福成长的乐园，成为每个教师专业发展的摇篮，成为每个家长可以信赖的处所。

近年来，郑州实幼围绕着"幸福教育"，开展了一系列内涵提升和课程建设活动。通过这些活动，郑州实幼倡导的"幸福教育"理念已经初步形成强大的能量，并逐渐内化成园所改革发展的动力和广大教师追求进步过程中的共同愿景。

苏霍姆林斯基曾经说过："理想的教育是培养真正的人，让每一个人都能幸福地度过一生，这是教育应该追求的恒久性、终极性价值。"在幼儿园发展的过程中，我们努力为孩子的一生幸福奠基，让孩子在幼儿园度过快乐而有意义的童年。在梳理分析了幼儿成长所需要的教育和深化理解"幸福教育"的基础之上，我们以《幼儿园工作规程》、《幼儿园教育指导纲要（试行）》（以下简称《纲要》）及《3—6岁儿童学习与发展指南》（以下简称《指南》）等纲领性文件为行动指南，立足郑州实幼实际，开始了互动式主题课程的实践与探索。

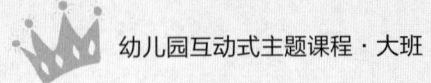
一、互动式主题课程的理念及特点

课程是园所文化的核心体现。在深化理解"幸福教育"的基础上，郑州实幼以培养健康、快乐、聪慧、文明的幼儿为目标，提出了建设互动式主题课程的思路。

（一）课程实施形式以互动理念为导向

在互动式主题课程中，"互动"成为贯穿课程的主线和基调。我们注重利用各种机会和条件激励、支持、引导幼儿之间互动、师幼之间互动、幼儿与环境之间互动、教师与教师之间互动、家庭与幼儿园之间互动等多层次、多维度的互动，给幼儿提供更多主动发展的机会。其开放的模式利于家长更多地参与到教学过程中来，在课程的互动中实现幼儿、家长、教师对幼儿成长理念的深度认同，形成"同学共长"的局面。

（二）课程内容选择以本土资源为依托

挖掘利用本土环境和文化教育资源，"让幼儿与资源亲密地对话"，是郑州实幼互动式主题课程的一大亮点。经过梳理，我们按照课程的需要把幼儿园所在区域的可用资源划分为三大类，分别是本土文化资源、自然资源和家长智慧资源。并且，针对不同资源本身的特点和课程的需要进行课程化的整合和编排，创造性地形成有地方特色的课程体系，培养幼儿的本土意识，让幼儿充分地了解、感受家乡的发展和变化。这些资源成为郑州实幼幼儿生活、学习的活教材，促进幼儿主动学习、全面发展。

二、互动式主题课程的形成过程

为了确保郑州实幼互动式主题课程的科学性、合理性和可操作性，郑州实幼教师团队依据课程初稿展开实践、反思、修改、再实践，并持续坚定地做好课程督导和评价工作。

（一）互动式主题课程形成的主要阶段

互动式主题课程的开发经历了近十年的时间，在河南大学教育科学学院副院长岳亚平教授的指导下，郑州实幼课程开发组成员通过"前期材料准备和整理""撰写文本""课程实践与研讨""文本修改、完善、定稿"等阶段，完成了互动式主题课程的开发工作（参见图1）。

（二）互动式主题课程形成过程的督导与评价

在课程督导与评价的过程中，主要对照幼儿园办园目标和《指南》，检查和评估已经拟订的课程目标、内容、组织与方法、课程实施效果，以及测查评估幼儿身心诸方面发展的整体性和均衡性等。总体上来说，幼儿园课程督导与评价主要包括三个方面。

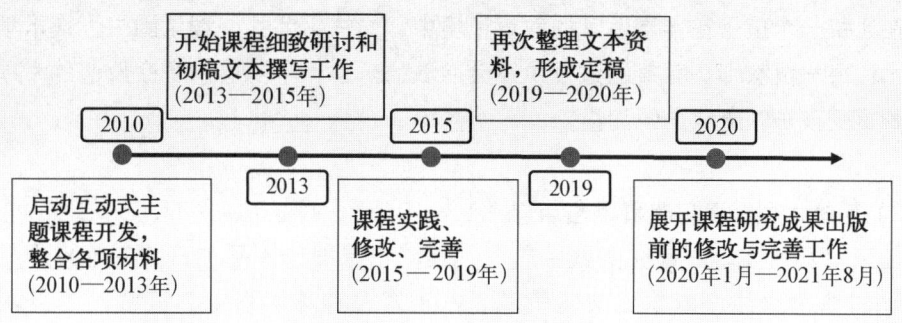

图1　互动式主题课程开发主要阶段示意图

1. 关于课程自身的评估与完善

在课程的编制过程中，重点考虑的问题是课程方案本身的适宜性与合理性，并且通过实践反馈的结果更有助于提高课程的可行性与操作性。因此，在过程中我们通过对目标的年龄适宜性、目标的可落实性、目标的和谐性、目标实际的达成度、内容的年龄适宜性、内容与目标的一致性、内容的科学性、内容的生活性、相关环境材料的适宜性、内容实际的完成等情况进行信息收集和分析，来确定课程方案的修改、完善的方向和依据。

为了强化课程评价在课程自身完善和修改过程中的作用，一方面要及时、有效地收集课程实施过程中的信息，另一方面要增强课程方案本身的开放性。所以，我们将课程定位为基础实施方案，既保障其在有限范围内的可靠性和达标性，又预留班级教师拓展、延伸的合理空间。

2. 关于幼儿学习与发展的记录与评估

幼儿园主要借助《幼儿成长记录册》、教师日常观察记录等实物资料和教师教研、教师与家长的沟通交流等经验资料来一起评估幼儿游戏与学习的过程和效果。《幼儿成长记录册》作为最主要的记录方式，是在班级教师、幼儿和家长共同参与下完成的，它既是幼儿日常学习的记录，也是教师教育教学活动的缩影和成果体现，同时还是家长参与活动的载体。它依托全面的资料，对照《纲要》和《指南》对幼儿学习与发展的指引和建议，结合课程教育目标，评估幼儿身心诸方面发展的整体性与均衡性，包括身体、认知、语言、情感与社会性等各个方面。

3. 关于教师实施课程过程的研讨性评价

这一部分的工作与教研、教学管理部门对教师的日常考核相结合，是对教师实施课程过程的研讨性评价。主要是通过教学常规检查、教育教学活动观摩、课例评析与研讨等形式，着重了解、分析和评价教师对幼儿园互动式主题课程教育理念的理解水平，教师教学过程中对本土文化和自然资源的理解与运用能力，教师对家长资源的整合与运用能力等。

三、互动式主题课程的目标、框架与内容

（一）互动式主题课程的目标

课程的建构是幼儿园落实"幸福教育"的关键举措。秉承幸福教育理念，互动式主题

课程旨在让每一个孩子在丰富适宜的教育情境中，愉快平等的心理氛围中，快乐学习、主动发展，让每一位教师在教育的过程中体会从教的乐趣，享受追求生命价值的幸福，让每一位家长感受孩子健康成长的幸福。

（二）互动式主题课程的框架与内容

近年来，郑州实幼一直在实践中思考，互动式课程的体系也日臻完善，逐渐形成了以季节和时令为纵线，以本土文化资源、家长资源和环境资源为横线，以集体教育活动、区域游戏活动、户外体育活动、生活及过渡活动、特色活动和亲子活动为主要形式的课程体系。并且，根据活动需要、幼儿的发展状况及生活中的实际情况，及时生成对幼儿发展有促进价值的课程。互动式主题课程中，小、中、大班分上、下学期，共计29个主题，细化为200多个活动方案，每个主题包括主题说明、主题目标、活动方案、区域设置等内容。围绕互动式主题课程建设的目标，形成了课程基本框架（参见表1）。

表1　互动式主题课程框架

学　期	小　班	中　班	大　班
上学期	我上幼儿园	我升中班了	我长大了
	秋天你好	美丽的秋天	探秘秋天
	有趣的阅读	温暖的阅读	甜蜜的阅读
	冬天来了	寒冷的冬天	冬天我知道
	新年好	新年真热闹	新年习俗多
下学期	我的幼儿园我的家	我的城市我的家	我的家乡我的家
	春天来了	我爱春天	春天里的趣事
	有趣的书	好玩的书	神奇的书
	夏天真热呀	快乐的夏天	有趣的夏天
		我们都是好朋友	我要上学了

互动式主题课程从幼儿的需要与生活出发，在时间、空间上无限延展，关注幼儿学习与发展的整体性。建构由教师、幼儿和家长共同编制、有机联系的主题式课程，搭建起幼儿园活动、亲子活动与社会实践活动等相交融的立体式课程架构，在不同时机，采用不同方式，使教师、幼儿、家长共同参与，使保育、教育和养育彼此融合。例如，大班主题活动"神奇的书"（参见图2）：在"世界阅读日"来临之际，开展"神奇的书"主题活动，通过阅读环境的创设、班级图书馆的建立以及参观图书馆、图书漂流、"故事爸爸、故事妈妈"、童话剧表演等活动，让幼儿感受图书的魅力，徜徉在书的海洋中，与书结伴。

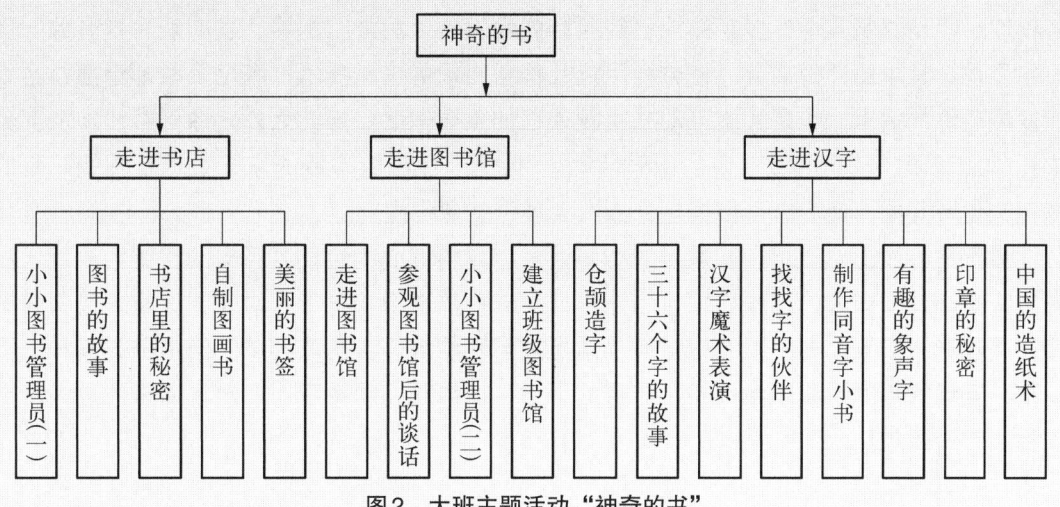

图2　大班主题活动"神奇的书"

四、使用互动式主题课程的注意事项

（一）明确互动式主题课程的理念

在使用互动式主题课程之前，首先应明确并深入地了解互动式主题课程的基本理念。互动式主题课程在组织方式上强调的是多层次、多维度的互动。这种互动并不单单是课程实施过程中的互动，而且是从活动内容的选择、活动目标的制定、活动过程的实施到活动效果的评价等各个环节的互动；这种互动也不单单是师幼的互动，而且是教师、幼儿、家长、幼儿园、自然环境、人文环境等任何两者或多者之间的互动。若缺乏对理念的深入认识，则互动式主题课程的实践效果将大打折扣。

（二）重视课程实施的规范和管理保障

课程在班级的规范实施既依赖教师的个体素养，也离不开教育教学的规范和引导。首先，通过相应的制度和规范，明确和指引教师班级教育教学工作的常规要求和注意事项。比如，在教学活动的准备过程中如何协调平行班教师的分工与合作、集体准备内容和个人准备内容，以及活动准备的检查与评价等。其次，可以通过一系列的研讨活动，保证教师对课程方案的基本要求达成一致性的认识。具体包括在教师的教育教学活动中要参照的基本流程和教学重点与难点的把握。此外，还包括对一些课程设计过程中发掘的关键细节的展开要求等。

（三）联系实际灵活运用

幼儿园互动式主题课程是郑州实幼在连续多年的课程创新与内涵发展之后形成的，在展开互动式主题课程建设的同时也基于网络信息技术启动了云平台项目建设。该平台集授课、教研、管理、评价、办公功能于一体，依托信息技术，深度整合郑州实幼内涵发展的

各项成果，是郑州实幼在多年的课程创新和内涵发展之后办园水平、发展能力提升的一次集中呈现。其中的评价部分，充分利用近几年新出现的信息技术，满足了教师全面整合幼儿发展评价的需求，也是实施互动式主题课程的重要辅助。除此之外，课程中还涉及部分依托本土资源、独具区域特色的课程活动。例如，"我的城市我的家"主题是围绕郑州的特色文化展开的，使用者可根据自身情况合理调整课程内容。

教育是心灵面对心灵、智慧启迪智慧、爱心培植信心的过程。历史的积淀，一代代郑州市实验幼儿园同人的工作积累，是课程开发工作的资源和财富。幼儿园保教人员共同探索，逐步形成了互动式主题课程体系，这是郑州实幼的一次勇敢尝试。但由于时间和水平有限，互动式主题课程现在仍有不完善的地方，诚挚欢迎幼教同人们对本课程的进一步完善提出宝贵建议。

编　者

2021 年 10 月

目录

下学期　主题课程方案 / 133

上学期

主题课程方案

ZHUTI KECHENG FANGAN

主题 一

我 长 大 了

主题说明

　　每一个"我"不仅是一个独特的我，而且是一个生命不断成长与发展的我。经过两年的幼儿园生活，幼儿的身体悄然发生着变化，各方面的能力也不断发展。不知不觉中，他们从幼儿园中最小的弟弟妹妹成长为最大的哥哥姐姐。在这个成长历程中，既蕴含着许多兴奋和喜悦，也潜藏着许多教育的契机和内容。我们通过"我长大了"主题活动，让幼儿在活动中体会到自己的成长离不开教师、家长及亲人的辛劳和关爱。在教师节活动中，更加注重幼儿的情感表达，请他们为教师画肖像、送礼物、说祝福的话，表达对教师的爱。

　　大班阶段会出现换牙的生理现象，让幼儿了解换牙的知识、掌握正确的刷牙方法、养成良好的卫生习惯是至关重要的，同时也能让幼儿体验成长的喜悦。

主题目标

　　1. 通过大带小、协助教师做事、做值日生等活动，增强劳动意识、提高做事的程序意识、建立初步的责任感，以及为他人、为集体服务的自豪感。

　　2. 会独立完成力所能及的事情，为自己的成长感到自豪。

　　3. 进一步了解教师节，通过日常生活中与教师相处，感受教师工作的辛苦，在主题活动中表达对教师的爱。

　　4. 喜欢同伴，在成人的引导下，愿意关心自己熟悉的人，学会与同伴分享快乐。

　　5. 喜欢表达自己的主张和爱好，对自己的行为表现出自信。

　　6. 运用绘画、表演等多种手段，表现自己愉快的情感体验。

　　7. 知道换牙是正常现象，能克服对换牙的惧怕心理，并为自己的成长感到喜悦。

　　8. 学习正确的刷牙方法，早晚刷牙，养成良好的卫生习惯。

路径一　我是大班小朋友

活动1　我是大班小朋友

 活动目标

1. 学会认真倾听，在与同伴的交谈中理解诗歌内容，并能初步跟说。

2. 通过对比知道自己长大了，并愿意为成人做一些力所能及的事，树立自我服务的意识。

3. 在大带小活动中，树立做大哥哥大姐姐的信心和意识，增强做榜样的自豪感和责任感。

 活动准备

1. 手工纸、水彩笔、剪刀、双面胶、调查表、笔人手一份。

2. 本班幼儿在小班入园时的照片。

 活动过程

一、活动导入：我长大了，会做许多事情

教师：我们现在都长大了，变得能干了，会做许多事情，你在家会帮爸爸妈妈做哪些事情？

1. 幼儿大胆说出在家、幼儿园中自己能做的事情。

2. 幼儿完成调查表，教师巡回指导。

3. 幼儿展示自己的调查表，说一说自己能做哪些事情。

二、欣赏儿歌《我是大班小朋友》

1. 教师有感情地朗诵儿歌。

2. 教师用多种形式鼓励幼儿跟说儿歌。

3. 幼儿感受、知道自己长大了，是幼儿园大班的小朋友了。

三、讨论：如何帮助小弟弟小妹妹

1. 幼儿讨论：如何帮助小弟弟小妹妹不哭不闹？

2. 幼儿设计、制作礼物，送给小班小朋友。

3. 到小班给弟弟妹妹送礼物："小弟弟（或小妹妹），这是我送给你的礼物，希望你能高高兴兴上幼儿园。"

四、到小班进行大带小活动（可在下午开展延伸活动）

附儿歌

我是大班小朋友

开学了，我高高兴兴地来到幼儿园。

从现在起，我就是大班的小朋友了。

小弟弟，你听过老师讲课吗？

来，看我听课多认真，

举手发言动脑筋。

小妹妹，你会穿衣服吗？

来，我帮你把衣服穿整齐。

小朋友，你会做玩具吗？

来，我折一个小纸球送给你。

老师，老师，你别夸奖我，

这些都是应该的，因为我是大班小朋友了。

附调查表

我是大班小朋友	姓名： 班级：
长大的我（自画像）	能干的我（都会做什么）

活动 2 我 的 名 字

 活动目标

1. 运用生活中的序数经验，找出自己名字所在位置，并能用数字进行表示。

2. 知道自己名字的由来，尝试用多种方法画写自己的名字。

3. 乐意和别人分享自己的作品，萌发对文字的兴趣。

活动准备

1. 向父母了解自己名字的由来和含义。

2. 画笔和纸人手一份，名字的范例图片一份，全班幼儿姓名的PPT，幼儿的照片。

活动过程

一、我的名字在哪里

出示PPT，让幼儿说一说自己的名字（好朋友的名字）在第几行第几列，并能用数字进行表示。

二、说说我的名字

1. 提问：你的名字是谁取的呢？有什么小秘密？有什么意义吗？

2. 个别幼儿在集体面前讲述自己名字的由来、含义，以及有关名字的小故事。

3. 小结：原来，名字不是爸爸妈妈随便给我们取的，都是有一定意义的，表达了爸爸妈妈对我们的期望还有美好的祝愿。

三、书写并装饰自己的名字

1. 教师纠正个别幼儿错误的握笔姿势，提示幼儿养成正确的书写习惯。

2. 幼儿进行创作装饰，教师适时给予指导和帮助。

四、分享活动

进行作品展示，幼儿相互欣赏。

活动延伸

把活动材料投放到美工区让幼儿继续创作，并将幼儿制作的创意签名以主题墙的形式进行展示。

活动3 认识生活中的安全标志

活动目标

1. 知道生活中许多地方都有安全标志，每个安全标志都有它独特的含义和作用。

2. 在观察比较中根据安全标志的不同特征进行分类。

3. 学习自我保护的方法，遵守相应的规则。

活动准备

1. 幼儿收集商场、马路上和公园等地的各种安全标志图片。

2. 轻柔的乐曲。

 活动过程

一、交流安全标志图片

1. 幼儿自由结合，4～5人为一小组，相互交流、分享自己收集的安全标志图片。

2. 每组选一人为代表，向大家展示本组最感兴趣的安全标志。

3. 幼儿提出关于安全标志的问题，教师和幼儿共同解决。例如：不认识的安全标志、各种安全标志的含义及作用等。

4. 小结：我们在商场、马路上和公园里找到了许多安全标志，它们可以起到防范警示作用。

二、为安全标志分类

1. 提问：把这些安全标志摆在一起，你们发现有什么不同呢？

2. 幼儿自由结伴，对自己带来的标志进行探索分类。

3. 教师展示幼儿的分类结果。

教师：这些安全标志是什么颜色、什么形状的？它们各自代表什么意思？我们看到这些标志后应该怎么做？

4. 教师与幼儿共同讨论、交流安全标志的重要性和用途。

5. 小结：这些安全标志很重要，它们用简单的图示告诉大家要注意的事情，提醒我们自我保护，不受伤害，请小朋友一定记清楚。

 活动延伸

布置"我知道的安全标志"主题墙，展示幼儿收集的各种安全标志图片（可分类展示，如交通安全标志），并不断丰富。

活动4　制作安全标志

 活动目标

1. 加深对安全标志的认识，进一步理解每个安全标志独特的含义和作用。

2. 初步懂得避开危险物，不做危险动作。

3. 大胆观察与想象，为班级设计、制作相应的安全标志。

活动准备

1. 幼儿收集商场、马路上和公园等地的各种安全标志。
2. 卡纸、彩色水笔、即时贴、剪刀人手一份。

活动过程

一、回忆认识的安全标志，谈谈自己对安全标志的理解

1. 提问：昨天我们认识了四类安全标志，请小朋友想一想它们都是什么样子的？

2. 提问：这些安全标志都有什么不一样的作用呢？

3. 教师展示幼儿最感兴趣的安全标志，请幼儿辨认。

4. 小结：在我们身边有很多安全标志，它们时刻提醒我们什么事情是安全的，可以做；什么事情是危险的，不可以做。

二、讲讲班级中存在的安全隐患

1. 提问：请小朋友想一想，平时我们在班上什么事情能做，什么事情不能做，为什么？

2. 教师与幼儿共同讨论。

教师：我们一起来制作安全标志吧！用简单的图示、特别的颜色来告诉大家要注意的事情，提醒大家注意安全。

三、分组讨论，共同为班级制作安全标志

1. 幼儿讨论：我们班哪些地方需要安全标志？为什么？

2. 幼儿小组合作设计班级安全标志，并张贴在合适的位置。

路径二　我爱老师

活动1　美丽的老师

活动目标

1. 通过猜测，了解教师的外貌特征，产生对教师的爱。
2. 能用线条组合、色彩搭配等绘画技巧表现教师的外貌特征。
3. 大胆地用语言和动作表达对教师的爱。

活动准备

绘画纸、水彩笔人手一份，三位老师的照片各一张。

活动过程

一、谈话导入，引出主题

教师：你们知道9月10日是什么节日吗？（教师节）

二、游戏：猜一猜

1. 教师分别描述本班三位教师的特征，请幼儿猜猜说的是班里的哪位老师。

2. 提问：除了我们班的老师，你还认识幼儿园里的哪些老师？（教师可用语言进行描述或出示其他教师的照片，请幼儿说一说）

3. 你最喜欢哪位老师，为什么？

三、为教师画像

1. 出示班级三位教师照片，引导幼儿仔细观察。

请小朋友为自己喜欢的老师画一张像，可进行引导：用什么样的方法能把老师画得最漂亮，并能表达你对老师的爱？

2. 幼儿作画，教师巡回指导。

四、分享活动

进行作品展示，幼儿相互欣赏交流。

五、送祝福

幼儿把画像送给对应的教师，并用自己的方式表达对教师的爱意，如说一句祝福的话或给一个拥抱等。

活动延伸

区角活动中，请幼儿做礼物送给教师，并利用礼物创设主题墙。

活动2　甜蜜的教师节

活动目标

1. 对图书和生活情境中的文字符号感兴趣，知道文字表示一定的意义，能够有感情地朗诵诗歌。

2. 对长辈说话时会使用礼貌用语。

3. 通过学习儿歌，积极表达自己喜爱教师的感受和想法。

活动准备

儿歌《亲爱的老师，谢谢您》的PPT、幼儿制作的礼物。

亲爱的老师，谢谢您

活动过程

一、谈话导入

教师：你喜欢老师吗？为什么喜欢？

二、欣赏儿歌《亲爱的老师，谢谢您》

1. 初步感知图加文的含义。

教师：请小朋友仔细看一看，文字中间有什么？你看到了哪些小图片？画了什么内容？请你猜一猜，小图片前面的汉字是什么意思？（引导幼儿初步感知图加文的形式）

2. 欣赏并理解儿歌。

教师：儿歌中描写了哪些事物？你听了有什么感受？

组织幼儿讨论：小鸟和蓝天，花朵和绿叶为什么在一起？小朋友和老师为什么在一起？（幼儿初步理解儿歌的主题，体会与教师在一起相亲相爱的情感）

3. 在图加文提示下学习朗诵儿歌。

三、给教师送礼物

教师：请把昨天亲手制作的小礼物送给你最喜欢的老师（提醒幼儿在送礼物时要有礼貌，并给教师朗诵儿歌）。

 **附儿歌**

亲爱的老师，谢谢您

小鸟和蓝天在一起，

花朵和绿叶在一起，

小朋友和老师在一起。

老师给我们讲故事，

老师和小朋友做游戏。

教师节就要到了，让我们一起说一声：

亲爱的老师，谢谢您。

活动3 甜蜜的礼物

 活动目标

1. 在观察礼物的过程中，探索学习5的组成，知道5有4种常见分法。

2. 尝试用数字记录自己的观察结果，愿意用语言正确表达自己的记录结果。

3. 学习从不同角度观察、分析画面，感知同一事物中不同的数量关系及规律。

活动准备

1. 5的组成与分解数字卡片，铅笔、练习操作纸、雪花片人手一份。

2. 教师收到的礼物。

活动过程

一、游戏"找朋友"：复习4的组成

二、学习5的组成

1. 教师出示收到的礼物，表达自己收到礼物的喜悦和幸福的心情。

2. 幼儿仔细观察教师的礼物，说一说教师收到的礼物有什么不同，根据不同之处探索5的4种分合方法，并进行记录。

3. 幼儿进行操作记录，教师巡回指导，观察了解幼儿的操作情况并进行个别指导，鼓励幼儿互相介绍操作情况。

4. 幼儿介绍自己的分合方法，说一说是按照什么来分的。

5. 幼儿通过分析、比较，共同梳理总结5的分合方法。

6. 幼儿观察5的分合式，感知理解总数与部分数之间的关系，及分合式递增、递减、交换的规律。

三、游戏：碰球

幼儿巩固5的组成，在说的同时拿出相对应的数字卡片。

四、幼儿操作

幼儿操作雪花片，巩固练习5的组成，并完成练习操作纸。教师巡回指导。

活动4 老　　师

活动目标

1. 理解歌词，感受歌曲抒情、优美的旋律。

2. 萌发热爱并尊重教师的情感。

活动准备

歌曲《老师》的简谱。

扫码查看本书所有乐谱

活动过程

一、谈话导入

教师：平时老师是怎么关心爱护小朋友的？

二、欣赏歌曲

1. 初次欣赏，感受歌曲的旋律及表达的情感。

教师：今天，老师给你们带来一首歌曲《老师》，请你们听完之后，说一说这首歌曲带给你怎样的感受。

2. 再次完整欣赏歌曲，理解歌词内容。

（1）幼儿理解歌词所表达的含义，体会幼儿与教师之间深厚的情感。

教师：这首歌曲里，老师像什么？为什么要这样形容？

（2）幼儿回答后，教师再次演唱歌曲帮助幼儿理解歌词。

3. 听歌曲，用肢体动作表达自己对歌曲的理解。

教师：请你们试着用身体动作来表达一下对这首歌曲的理解吧。

4. 教师与幼儿一起跟随音乐哼唱。

5. 以不同形式演唱歌曲：分组演唱，集体演唱。

6. 幼儿每人送给老师一句祝福的话。

路径三　独 立 的 我

活动1　独 立 做 事 情

活动目标

1. 知道独立的含义，能够运用统计的方法记录自己会做的事情。

2. 会运用绘画的方式清楚表达自己的想法。

3. 懂得自己已经长大了，要敢于独立、主动做力所能及的事情。

活动准备

水彩笔和画纸人手一份、统计表一张、便笺（每个幼儿3～4张）。

活动过程

一、话题导入

1. 提问：你们知道什么叫作"独立"吗？

2. 小结：独立就是不依赖别人，能自己完成力所能及的事情。

二、谈谈自己会独立做的事

1. 提问：你们会独立做哪些事情呢？和旁边的好朋友说一说吧。

2. 教师出示统计表引导幼儿观察，并根据幼儿的交流将其普遍能够独立做的事情列举下来。

统 计 表

项　　　目	幼 儿 姓 名	人 数 合 计
独自穿衣		
独自收拾玩具		
独自睡觉		

3. 教师和幼儿一起进行分类统计，并完成统计表。

（1）幼儿在便笺上书写名字（2～3张），教师巡回观察。

（2）幼儿将写有自己名字的便笺贴在相应的栏目中，教师和幼儿一起用数字进行统计。

（3）教师根据统计结果比较人数多少，并对幼儿进行鼓励。独自睡觉一栏是专门为后面的活动做准备的，统计结果可能会比较少，教师要针对这个情况提出幼儿努力的方向。

三、画画自己会独立做的事情

教师：你会独立做哪些事情呢？小朋友会自己独立完成的事情有很多，请在纸上画出自己已经可以独立完成的事情。

1. 教师引导幼儿在绘画时，注意合理布局。

2. 幼儿自由创作，教师巡回指导。

四、教师总结

教师：在今后的区域活动中，我们还可以画出自己会独立做的事情，以及还想努力做到的事情。这些绘画内容可以组成我们自己的成长小书。

活动2　我会自己睡觉

活动目标

1. 知道自己长大了，应该学会独自一人睡觉。

2. 能够大方地在同伴面前发言，表述自己的想法。

3. 逐步养成独立、勇敢、坚强的好品质。

活动准备

小红花人手一朵。

活动过程

一、导入：欣赏故事《乖乖睡觉》

1. 教师讲述故事《乖乖睡觉》。

2. 教师提出问题，引导幼儿讨论。

教师：乖乖原来是怎么睡觉的？她这样哭闹对吗？为什么？（让幼儿知道自己长大了，应该自己睡觉。总要妈妈陪着睡，这样会影响妈妈做事，而且和大人一起睡觉，可能会因为人多，房间空气不好）

教师：熊宝宝是怎么睡觉的？这样好吗？为什么？后来，乖乖是怎么对熊妈妈说的？（让幼儿知道要向熊宝宝学习，独自一人睡觉）

二、讨论独自睡觉的好处

1. 提问：你在家里是独自一个人睡觉吗？感觉怎么样？

2. 提问：你喜欢一个人睡觉吗？为什么？

3. 教师小结独自一人睡觉的好处：安静不受打扰，有利于身体健康。

三、给已经独自睡觉的幼儿发小红花予以表扬，鼓励幼儿愿意独立睡觉

 活动延伸

请家长配合活动开展，在家鼓励幼儿独自睡觉，并和教师保持沟通。

乖 乖 睡 觉

乖乖是个小女孩，她很聪明也很能干，就是胆小，每次睡觉都要妈妈陪。一天，妈妈出门去了，乖乖一个人躺在床上，她哭起来："妈妈来拍乖乖睡觉……"住在山那边的熊妈妈听到了，赶过来一看，原来乖乖不愿一个人睡觉。熊妈妈说："乖乖，我来拍你睡觉吧。"熊妈妈就伸出大手，"啪啪，啪啪"地拍了起来，可是只听到"嘶啦"一声，被子被熊妈妈拍破啦。熊妈妈难过地说："唉，我的小熊宝宝从来不要我拍，都是自己睡觉的。"乖乖听了很不好意思地红了脸。她对熊妈妈说："我也长大了，我也会自己睡觉，我不要妈妈拍了。"

活动3　小老鼠的漫长一夜

 活动目标

1. 倾听故事，能够结合自己独自睡觉的经验初步理解故事内容。

2. 能够根据故事情节的发展，尝试续编故事。

3. 知道独自睡觉的好处，愿意尝试独自睡觉。

 活动准备

故事《小老鼠的漫长一夜》的PPT。

 活动过程

一、教师讲述故事，幼儿倾听

二、教师通过提问，帮助幼儿初步了解故事内容

1. 小老鼠睡觉时都发生了什么事情？

2. 小老鼠当时心里有什么感觉？它是怎么想的？

3. 大老鼠是怎么回应小老鼠的这些要求的？

三、幼儿看图阅读故事并围绕故事内容进行讨论

1. 这个夜晚，发生了几件事情让小老鼠睡不着觉？

2. 小老鼠为什么要缠着大老鼠不肯睡觉？

四、续编故事

1. 好听的故事听完了，你们猜一猜，之后会发生什么事情呢？（引导幼儿思考：睡得太香，导致起床晚、上学、上班迟到）

2. 为什么会发生这样的事情呢？（昨晚没有好好睡觉，晚起）

3. 幼儿讨论：应该怎么做？

4. 教师小结。

 **附故事**

小老鼠的漫长一夜

夜已经很深了，大老鼠早就躺在它的大床上睡着了。

可是，小老鼠却躺在小床上怎么也睡不着。

"大老鼠，大老鼠！"小老鼠喊着，"有什么东西正'呼啦呼啦'地绕着房子跑呢？"

大老鼠睁开一只眼，竖起一只耳朵听了听，说："那只是刮风的声音嘛。"

"那……我能不能到你的床上去睡啊？"小老鼠问。

"不行，睡不下。"大老鼠翻了个身，又睡了。

小老鼠躺在床上听着外面的风声。

忽然，在"呼啦呼啦"的声音里，他听到"啪啪啪"的声响。

小老鼠爬下床，把前门拉开一条缝，偷偷地往外看。

呜呜呜……外面刮着风，一个人也没有。

"大老鼠，大老鼠!" 小老鼠又喊了起来，"好像有人在'啪啪啪'地走路，说不定屋顶上有小偷呢!"

大老鼠慢腾腾地从床上爬起来，拉开窗帘，说:"看，那只是树枝在'啪啪啪'地敲打窗户，回去睡觉吧!"

"那……我能不能到你的床上去睡啊?"小老鼠问。

"不行。"大老鼠说，"你睡觉不老实。"

小老鼠回到自己的床上，听着外面的声音。

风"呼啦呼啦"地吹，树枝"啪啪啪"地敲打着窗户。

还有什么东西在叫，"呜——呜——呜——呜"。

小老鼠又爬下了床，这次它先看了看床底下，又看了看衣柜里面，觉得很害怕，就叫了起来:

"大老鼠，大老鼠!我觉得屋子里有鬼，它要来抓我呢!它不停地在叫:'谁呀? 谁呀? 谁呀? 谁呀? '"

大老鼠叹了口气，坐起来仔细地听了一会儿。

"那不过是一只猫头鹰。就跟你一样，它也没睡呢。"

"那……我能不能到你的床上去睡啊?"小老鼠问。

"不——行，你的脚丫子总是凉凉的。"

大老鼠把毯子蒙到头上，又睡了。

小老鼠回到自己的床上，听着外面的风"呼啦呼啦"地吹，树枝"啪啪啪"地敲打着窗户，猫头鹰"呜呜呜"地叫。

它迷迷糊糊地睡着了。

"丁零零!丁零零!"闹钟响了。但是，大老鼠和小老鼠谁也没有听见。因为，它俩都睡得太香啦!

活动4　小小男子汉

活动目标

1. 学唱歌曲，模仿唱出豫剧的曲调韵味。
2. 初步尝试创编小小男子汉操练的动作。
3. 理解并感受男子汉勇敢、坚强的形象。

活动准备

音乐《小小男子汉》。

活动过程

一、欣赏歌曲《小小男子汉》

二、学习歌曲

1. 提问：刚才听到这首歌，大家有什么感受？（引导幼儿用语言表达自己欣赏后的感受）

2. 教师范唱，介绍这首歌曲是豫剧曲调，幼儿倾听并学习歌词内容。

3. 教师再次范唱，引导幼儿感受豫剧韵味和下滑音的曲调。

教师：豫剧和我们平时唱的歌曲有什么不同？

4. 集体尝试演唱，在教师手势提示下唱准下滑音曲调。

5. 完整演唱，重点练习"男""汉""好看""哎嗨哟"的豫剧发音。

三、初步创编小小男子汉的动作

1. 幼儿依据歌曲逐句创编简单的动作。

教师：小小男子汉的动作可以怎样表现呢？

2. 幼儿做出能体现男子汉气概的动作，如敬礼、指挥、射击等。

四、个别幼儿展示

教师请个别幼儿展示自己创编的动作，同时协助幼儿调整动作。

五、完整表演

幼儿听音乐，跟着教师完整地表演。

六、教师总结

路径四　牙齿咔咔咔

活动1　牙齿的秘密

 活动目标

1. 通过观察与体验，知道每颗牙齿的名称及作用。

2. 初步了解动物牙齿的特点与生活习性之间的关系。

3. 知道保护牙齿的重要性，愿意主动漱口、早晚刷牙。

 活动准备

牙齿的秘密

1. 每人一面小镜子、一块苹果、1～2根虾条、一个餐盘。

2. "牙齿的秘密"的PPT。

活动过程

一、以谜语的形式激发幼儿参与活动的兴趣

谜语：健康卫士穿白衣，上下两排真整齐。口中饭菜它磨碎，早晚用刷把澡洗。

二、通过观察与体验，了解各种牙齿的特点、名称及作用

1. 幼儿借助小镜子观察自己的牙齿。

教师：张开自己的小嘴巴看一看，你的牙齿是什么样的？是什么颜色的？它们有什么地方一样，什么地方不一样？

2. 小结：我们每个人都有白白的牙齿，牙齿有上下两排，左右是对称的。前面的牙齿是扁扁的，旁边的牙齿是尖尖的，后面的牙齿是方方的。这些牙齿样子不一样，作用也不一样。

3. 在品尝食物的过程中，感受各种牙齿的作用，结合PPT中的牙齿图片知道其名称。

（1）在品尝苹果的过程中体验并说一说自己是怎么把苹果吃下去的，认识"切牙"和"磨牙"（前面的牙齿能像刀子一样把食物切断，叫"切牙"；后面的牙齿力量很大，可以压碎食物，叫"磨牙"）。

（2）在品尝虾条的过程中，再次体验不同牙齿的作用，认识"尖牙"（尖尖的牙齿叫"尖牙"，它可以帮助我们咬断比较硬的食物）。

4. 讨论：牙齿除了可以帮我们吃东西，还有什么作用呢？

幼儿尝试跟说绕口令《四和十》，并通过小镜子观察牙齿分开与合拢时发音的变化。

5. 小结：牙齿还可以帮助我们准确发音，使我说话清楚，牙齿的作用真大！

三、猜一猜：这是谁的牙齿

1. 教师分别出示老虎、狼、兔子、小羊的牙齿图片，幼儿猜一猜、说一说这是谁的牙齿，为什么。

2. 幼儿观察和比较食肉动物与食草动物牙齿的特点，进一步了解牙齿的作用。

四、讨论：我们应怎样保护牙齿

1. 提问：小动物怎样保护牙齿？（通过PPT了解小老鼠等动物保护自己牙齿的方法）

2. 说一说该怎样保护牙齿，知道饭后漱口、早晚刷牙的重要性。

3. 幼儿回家后试一试怎么刷牙才能把每颗牙齿刷干净。

活动2 我会刷牙

 活动目标

1. 初步了解蛀牙形成的原因及蛀牙的危害，产生保护牙齿的意识。

2. 认识并会使用刷牙工具，学习正确的刷牙方法。

3. 愿意早晚刷牙，养成良好的卫生习惯。

活动准备

1. 牙刷人手一支，牙齿模型每组一份。
2. 幼儿已知道正确刷牙的方法，并在家长的协助下完成"我的刷牙记录表"。
3. 刷牙的视频。

 活动过程

一、谈话导入

1. 说一说自己有蛀牙吗？有几颗蛀牙？
2. 为什么会有蛀牙？蛀牙痛吗？
3. 蛀了的牙齿是什么模样？
4. 牙齿蛀了该怎么办？

二、根据记录表分享刷牙的经验与感受

1. 每天什么时候刷牙？
2. 用什么口味、颜色的牙膏？
3. 牙膏的泡泡在口中有什么感觉？刷完牙后，口腔的感觉是怎样的呢？

三、一起来刷牙

教师：你平时都是怎么刷牙的？请你拿出牙刷刷一刷吧！

1. 幼儿利用牙齿模型探索刷牙的正确方法，学习上、下、左、右、里、外的牙齿分别怎样刷。
2. 幼儿观看视频，学习正确的刷牙方法。
3. 教师念儿歌，幼儿操作模具，巩固正确的刷牙方法。
4. 讨论：什么时候要刷牙和漱口，怎样保护牙齿？
5. 小结：坚持每天早晚刷牙，饭后漱口。不吃过多的甜食，不吃过冷、过热、过酸的食物，牙齿有问题及时找牙医。

 **附儿歌**

刷 牙 歌

小牙刷，手中拿，张开我的小嘴巴。
上面牙齿往下刷，下面牙齿往上刷，
左刷刷、右刷刷，里里外外都刷刷。
早晨刷、晚上刷，刷得干净没蛀牙。
刷完牙齿笑哈哈，露出牙齿白花花。

活动3 我换牙了

活动目标

1. 初步了解换牙和牙齿保健的常识。
2. 知道换牙是正常现象，能克服惧怕换牙的心理。
3. 逐步养成良好的卫生习惯，体会换牙给身体带来的特殊感受。

活动准备

熟悉故事《乳牙和恒牙的话》；活动前了解班里幼儿的换牙情况，和本班已换过牙的幼儿进行交流。

活动过程

一、找一找：谁开始换牙了

1. 教师引导幼儿互相观察同伴的牙齿，看看谁开始换牙了。

2. 教师请开始换牙的幼儿讲讲自己的感受，可提问：你是怎么知道自己要换牙了？换牙有哪些不舒服、不方便？换牙时你的心情怎么样？

3. 小结：换牙是每个人都要经历的过程，小朋友最初换牙时总是感到害怕，其实换牙是每个人成长的必经之路。换牙了，说明你们真的长大了，应该感到高兴。

二、了解换牙的常识

1. 幼儿讨论：为什么要换牙？

2. 教师讲述故事《乳牙和恒牙的话》。

3. 教师提问故事主要内容：

（1）什么是乳牙？什么是恒牙？恒牙在小朋友几岁的时候长出来？

（2）换牙的时候要注意什么？

4. 小结：换牙是正常现象，没有什么可怕的，这说明小朋友长大了。被换掉的是乳牙，新长出的是恒牙，恒牙是要陪伴我们一生的。在换牙时，不要用舌头舔，也不要用手去摸，否则长出的牙就会不齐。睡前不要吃零食，要保持自己的口腔卫生。长新牙时少吃甜食，不咬硬的东西。乳牙没掉就长出新牙时应该到医院看医生，这样我们的牙齿才能长得整齐又漂亮。

三、了解保护牙齿的方法

1. 提问：健康整洁的牙齿在我们生活中有什么作用呢？

2. 引导幼儿举例说明。例如：健康整洁的牙齿可以帮助我们咀嚼食物，帮助我们正确发音，能使我们看上去健康和漂亮。

3. 小结并提问：如果恒牙被碰掉了，或坏了，就再也不会长出新牙，那该多难受啊，所以我们要保护好牙齿。你们知道有什么保护牙齿的好办法吗?

4. 请个别幼儿讲一讲保护牙齿的方法。

5. 小结:小朋友说得都很对,不能吃太多甜食,要多吃蔬菜、水果,睡觉前不能吃糖,早晚都要刷牙,这样才能保护好我们的牙齿。

乳牙和恒牙的话

　　小朋友,我叫乳牙,是你们的第一副牙齿,负责你们婴幼儿时期的咀嚼。可随着你们慢慢长大,吃的食物种类多了,有些食物又比较硬,如果你们再用我来咀嚼,我就会觉得很费力,所以到你们五六岁的时候我就该慢慢退休了。

　　小朋友,我叫恒牙,是你们的第二副牙齿,也是你们最后的一副牙齿,当我的弟弟乳牙觉得帮你们咀嚼食物有些费力的时候,我就开始慢慢地从你们的嘴里长出来替换掉乳牙。在我出来的时候,你们除了和平常一样早晚刷牙、不吃过硬过冷的食物、临睡前不吃糖果外,还要注意这四点:第一,不要吸吮手指、咬指甲、铅笔等;第二,不要用舌头去舔刚长出来的新牙;第三,我出来的时候如果乳牙还没有掉,就到医院去拔掉,使我长在正常的位置;第四,适当补钙。小朋友,一定要记得我的话哟,我会永远陪伴你们的。

活动4　绘本《一颗超级顽固的牙齿》

活动目标

1. 通过阅读理解故事内容,感受故事情节的有趣。
2. 能专注阅读绘本。
3. 知道换牙时乳牙会自然脱落,不用刻意弄掉。

活动准备

绘本《一颗超级顽固的牙齿》人手一本,绘本《一颗超级顽固的牙齿》PPT。

一颗超级顽固的牙齿

活动过程

一、谈话导入,引出主题
教师:你掉过牙齿吗?你还记得牙是怎么掉下来的吗?

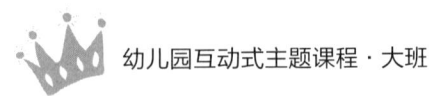

教师：今天老师也带来了一本关于掉牙的绘本，你们想看吗？让我们一起读一读这本书吧。

师幼共同观察绘本封面，了解故事主人公是一名叫塔比莎的小姑娘。

二、逐页阅读，理解内容

教师：塔比莎和你们一样，也到了乳牙换恒牙的年龄了，这时候发生了哪些有趣的事情呢？我们到书里去看一看，好吗？（幼儿自主阅读绘本第1页至第11页，之后教师帮助幼儿梳理阅读的内容）

教师：塔比莎的牙齿怎么啦？为什么她希望自己的牙齿快点掉下来？

教师：塔比莎想了哪些主意来把牙齿弄掉？

出示PPT中的图片：扭、拉、蹦、捕、粘，帮助幼儿梳理故事的情节。

教师：塔比莎想了很多办法，她最后把牙齿弄下来了吗？

教师：你有什么好办法帮助塔比莎？

教师：塔比莎想了那么多办法，那么她的牙齿有没有被她弄下来呢？我们一起来看看故事的后半部分吧！（阅读绘本第12页到最后）

教师：这次塔比莎的牙齿掉了吗？是怎么掉的？（幼儿自由表达）

教师：塔比莎的牙齿掉了，她的心情怎么样？你是从哪里看出来的？（依据画面，幼儿自由表达）

教师：你掉牙时自己的心情怎么样？（幼儿自由表达）

三、完整欣赏，师幼讨论

1. 幼儿观看绘本PPT，教师复述故事。

2. 提问：我们每个人都要经历换牙的过程，乳牙掉了，恒牙就慢慢长出来了，是吗？（请已经换牙的幼儿回答）

3. 提问：开始换牙的时候你也会担心吗？（幼儿自由讲述）

教师：其实，我们不必担心。要知道，每一个人到了你们这个年龄都要换牙的，这是你们长大的一个重要标志。牙齿掉下来都是有一个过程的，只要顺其自然让它自己掉下来就可以了，不用刻意地去弄掉，否则会影响下面的恒牙生长。如有需要，要记得去看牙医哦！

活动5　健康小剧场活动方案

 活动目标

1. 观看影片，了解蛀牙形成的原因，知道要爱护牙齿，要坚持每天早晚刷牙。

2. 少吃零食，减少牙菌斑的产生。

3. 树立爱护牙齿、保持口腔卫生的健康意识。

时间

上午9：00—9：30。

 地点

多功能大厅。

 准备

幼儿搬好椅子。

 具体活动流程

一、主持人提问有关牙齿的知识，引出视频

二、幼儿观看影片：《牙齿王国历险记》

三、观影结束后，主持人提出问题，强调按时刷牙的方法及爱护牙齿的重要性

区 域 设 置

主题一"我长大了"区域设置

区域名称	区 域 材 料	具 体 活 动
美工区	铅笔、彩笔、手工纸	幼儿自选材料画写自己的名字，进行装饰
科学区	牙齿模型、牙刷、动物牙齿图片、记录单	1. 观察牙齿模型，了解切牙、尖牙和磨牙的位置，点数数量并记录 2. 在牙齿模型上练习刷牙的方法 3. 观察动物牙齿图片
语言区	1. 调查表"我能做的事情" 2. 绘本《一颗超级顽固的牙齿》	1. 幼儿之间分享讲述调查表"我能做的事情"，并说一说自己要学习哪些新的本领 2. 阅读绘本《一颗超级顽固的牙齿》
主题墙面	1. 幼儿活动中制作的名片 2. 调查表"我能做的事情"和带小班弟弟妹妹游戏的照片	
主题互动活动	制作礼物，送给新入园的弟弟和妹妹，并和他们一起游戏	

主题 二

探 秘 秋 天

主题说明

　　秋天是一个多彩的季节，秋天是一个丰收的季节，秋天是一个落叶飘飘、姿态万千的季节。应让幼儿到大自然中，去领略秋天的美景，寻找、捕捉秋天的变化。为了让幼儿进一步认识秋天，了解秋季气候、植物的变化，欣赏秋天的美，陶冶幼儿的审美情趣，我们预设了"探秘秋天"主题活动。通过一系列的活动，让幼儿感知秋天色彩斑斓、落叶飞舞、种子生长的强大生命力，并用绘画、歌唱表演、手工制作等形式体验秋天里的乐趣，从而激发幼儿探索、热爱大自然的情感。

主题目标

　　1. 能对秋天的事物或现象进行观察，产生好奇，喜欢探究和尝试。
　　2. 尝试用多种方式表现秋天的美景，如手工（树叶粘贴画、种子粘贴画）、音乐表演、绘画等。
　　3. 体验自我创造带来的自信和快乐。
　　4. 在活动中愿意与同伴交流，接受同伴的意见和建议。
　　5. 知道国庆节的名称、日期，萌发爱祖国、爱家乡的情感。
　　6. 初步了解传统节日（如中秋节、重阳节）的来历及有关习俗，感受、体验传统文化。
　　7. 通过阅读绘本、主动探索，养成良好的阅读习惯。

路径一 甜蜜的中秋节

活动1 幸福的大桌子

活动目标

1. 理解故事内容，知道中秋节是全家团圆的日子。

2. 根据故事线索，在教师的引导下，愿意与同伴讨论交流，并敢于在同伴面前大胆表达自己的想法。

3. 感受家庭成员之间的亲情，萌发尊敬、关爱老人的情感，体验团聚的幸福。

活动准备

1. 故事《幸福的大桌子》PPT，舒缓的音乐。

2. 月饼每组一个。

活动过程

一、出示图片，向幼儿介绍兔奶奶的家

教师：中秋节快到了，兔奶奶做了很多好吃的。兔奶奶家有几个人？为什么椅子是空的？

二、讲述故事的前半部分

1. 兔奶奶家有几个人？他们都去哪儿了？

2. 兔奶奶的心情怎么样？

三、猜测故事的后半部分

提问：我们怎样帮助兔奶奶？

四、讲述故事后半部分

五、运用PPT，边演示边提问，帮助幼儿理解故事内容

六、完整讲述故事内容

提问：这个故事的名字叫什么？为什么叫《幸福的大桌子》呢？（语气突出"幸福"二字）

七、布置场地，经验迁移，体验亲情，品尝月饼

教师：刚才我们听了故事《幸福的大桌子》，兔奶奶和全家人团聚在一起共同品尝月饼，度过了一个幸福的中秋节。今年的中秋节马上就要到了，我们班也是一个大家庭，今天我们一起品尝月饼，提前过一个团团圆圆的中秋节吧！

1. 幼儿围坐在一起，在愉快的氛围中品尝月饼。

2. 提问：刚才我们团聚在一起庆祝中秋，你有什么感受？

教师：对，团聚是幸福的，尤其是和家人、好朋友在一起。老师也祝愿小朋友们和自己的家人过一个幸福团圆的中秋节！

附故事

幸福的大桌子

中秋节快到啦，兔奶奶做了好多好吃的，她一个人坐在厨房的大桌子旁边。

她看到了大桌子旁边那几张空空的坐椅。

她有些想兔爷爷了，兔爷爷在很久很久以前就去世了。

她有些想兔哥哥了，他是个海员，每次出海都要好久才能回来。

她有些想兔姐姐了，她在隔壁镇上工作，还有了两个宝宝，很久很久没有回家啦。

她有些想兔小弟了，他去上大学了，要住在学校里，已经有很长时间没来看看兔奶奶啦！

兔奶奶的心里很……

天空中的弯月亮看见了兔奶奶，决定要帮她一个忙。它赶忙吃下了好多好多的七彩云朵，变成了一个圆圆的大月亮。

这时门铃响了，"叮咚叮咚"——会是谁呢？兔奶奶赶忙去开门。呀，是兔哥哥。他给奶奶带来了一大堆稀奇古怪的玩意儿。兔哥哥举起一个尖尖的东西，说："这是海螺，里面有海浪的声音呢！"兔奶奶眯起了双眼，微笑地看着兔哥哥。

这时门铃又响了，"叮咚叮咚"——会是谁呢？

哈哈，是兔姐姐，她还带着两个兔宝宝呢！两只小兔子亲热地搂住了兔奶奶的脖子，送上了两个香香的吻。

兔奶奶的三瓣嘴，笑开了花。

这时门铃又响啦，"叮咚叮咚"。这么晚了，会是谁呢？

原来是兔小弟，他手里拿着一本漂亮的考试证书。

"兔奶奶，你看，这是我送给你的中秋礼物。"

兔奶奶这下笑得嘴都合不上啦！兔奶奶让兔哥哥、兔姐姐、兔小弟和小兔子们围坐在了桌子边上，又将兔爷爷的空座椅往前移了移。

"谢谢你啦，小月亮！中秋节到了，我们一起来吃月饼吧！"

活动2　我家的大圆桌

 活动目标

1. 知道中秋是阖家团圆的日子，并能用绘画的方式表达。
2. 能用连贯、清楚的语言在集体面前讲述团圆的照片，愿意和别人分享、交流喜爱的艺术作品。
3. 体验家庭成员之间的亲情，感受和家人团聚的温暖。

 活动准备

1. 全家围着大圆桌吃团圆饭的照片。
2. 水彩笔、绘画纸人手一份。

 活动过程

一、欣赏全家围着大圆桌吃团圆饭的照片

1. 欣赏照片。

教师：在照片上你都看到了什么？这是什么时候拍的照片？家人都在干什么呢？心情怎么样？

2. 教师引导幼儿观察画面，重点讲解画面中的大圆桌，帮助其理解团圆的意义。

二、运用已有生活经验进行绘画

1. 幼儿作画，教师引导幼儿从圆桌入手作画，并巡回指导。
2. 幼儿回忆家庭成员的主要特征，结合人物的突出特点进行绘画。
3. 幼儿适当添画中秋食品，在桌上添画糖果、水果、月饼等食品。

三、体验节日的快乐，分享作品

1. 幼儿介绍自己的绘画作品。
2. 和同伴一起唱歌跳舞欢度中秋节，体验节日的快乐。

活动3　古诗《古朗月行》

 活动目标

1. 初步理解古诗含义，感受古诗韵律，并能够有感情地朗诵。
2. 能积极参与古诗朗诵活动，大胆表达自己的见解。

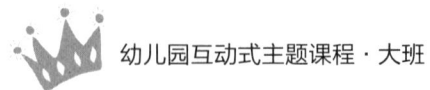

3. 感受中秋之夜月儿的美丽、神奇。

　活动准备

1. 幼儿提前了解有关月宫的神话。
2. 古诗《古朗月行》PPT，轻柔的音乐。

　活动过程

一、谈话或谜语导入

教师：中秋节和爸爸、妈妈一起赏月时，你看到月亮是什么形状的？（如果是在中秋节前上这节课，可以猜谜的形式引出这节课。谜语：有时圆圆挂天空，有时弯弯挂树头。白天见不着，晚上才出来）

二、进入活动主题

1. 教师出示月亮图片，幼儿发挥想象说说它像什么。

教师：小朋友，这是什么？是什么形状的？圆圆的月亮像什么？（幼儿发挥想象，说一说像什么）

2. 教师出示李白的个人图片，简单介绍作者。

教师：小朋友们，今天我们班来了一位古代的客人，是我国唐代著名的诗人李白，大家都叫他"诗仙"。

3. 幼儿学习古诗。

（1）教师出示"李白看月亮"图片。

教师：李白小时候，有一天晚上抬头看到天上有一个又圆又亮的东西，他觉得很像白玉做的盘子，于是就叫月亮"白玉盘"。后来他才知道这是月亮，于是他写了一首诗叫《古朗月行》，这是一首什么样的诗呢？我们一起来听一下。

（2）教师朗诵古诗。

教师：李白真是有趣，他把月亮当成了白玉盘，又把月亮想象成什么了呢？李白又把月亮当成瑶台镜，小朋友们猜猜瑶台镜是什么？

教师：这个瑶台是神话故事里王母娘娘住的地方，瑶台镜就是王母娘娘用的镜子。

教师：为什么李白会把月亮当成瑶台镜呢？月亮和瑶台镜有什么相同的地方呢？

教师：诗中说瑶台镜怎么了？

（3）教师可再次朗诵古诗，引导幼儿自己说"飞在青云端"（重点理解前四句）。

三、跟读古诗前四句

四、学习理解古诗后四句含义

1. 提问：小朋友们猜一猜，月亮上都有些什么呀？

教师：有嫦娥、有桂树、有玉兔，原来你们都知道《嫦娥奔月》的故事。

2. 出示嫦娥坐在月宫里的图片。

教师：你们看到了什么？（幼儿简述）

3. 引导幼儿更加细致地观察画面。

教师：仙人把双脚垂下来坐在月宫里，那桂树长得多茂盛呀。咦？白兔手里好像拿了什么？（幼儿讲述）月宫里有这么多好玩的事，你们想不想去月宫里玩一玩呢？让我们听一听古诗的后半部分。

4. 教师朗诵古诗后半部分。

5. 幼儿跟读古诗后半部分。

五、分组练习跟读古诗

六、感受古诗的韵律

1. 提问：你觉得这首古诗怎么读最好听？（鼓励幼儿大胆尝试各种念古诗的形式，引导幼儿从速度、动作、节拍等方面感受古诗的韵味，与幼儿一起互动）

2. 通过音乐，引导幼儿进一步感受念唱古诗的乐趣。

教师：这首好听的古诗，我们还可以用歌曲来唱一唱呢（播放音乐，鼓励幼儿唱一唱，感受念唱古诗的乐趣）。

教师：刚才听歌曲的时候小朋友发现，这首诗后面还有一部分，可以回家后请爸爸妈妈给你读一读。

附古诗

古 朗 月 行

〔唐〕 李白

小时不识月，呼作白玉盘。

又疑瑶台镜，飞在青云端。

仙人垂两足，桂树何团团。

白兔捣药成，问言与谁餐？

活动4　数 月 饼

 **活动目标**

1. 能手口一致地点数20以内的物体，并能说出总数。

2. 认识20以内的单、双数，理解单、双数的实际意义。

3. 能关注自身与周围生活中的事物，学习区分单、双数。

 活动准备

1. 月饼图片、雪花片、笔、纸人手一份，幼儿已做好的"月饼"。

2. 每个幼儿提前让幼儿每人准备20个瓶盖。

 **活动过程**

一、话题导入

1. 提问：中秋节我们要吃什么？为什么要吃月饼？

2. 小结：中秋节是我国的传统节日，赏月吃月饼寓意家人团圆。

二、分月饼

1. 幼儿平均分成两组吃月饼，思考：怎样才能分成数量相等的两份。

2. 个别幼儿介绍或演示自己的分法。

三、操作、探索20以内的单双数

1. 幼儿自由摆出20以内的数并进行点数。

2. 幼儿自由选出数量进行均分，记录下能进行均分的数和不能均分的数。

3. 教师和幼儿共同总结单、双数的特点。

四、找找身体上的单、双数

1. 提问：我们身上有些部位的数量也是单数或双数，你们知道吗？现在请你和旁边的小朋友一起找一找，身上有哪些部位是单数的，哪些又是双数的呢？

2. 幼儿互相观察身体上某些部位的数量，判断是单数还是双数。

3. 集体交流：你找到身体上哪些东西是单数的？哪些东西是双数的？（例如：一个头是单数，两只耳朵是双数；一只手的五个手指是单数，两只手的十个手指就是双数……）

活动5 分月饼

 活动目标

1. 感知分解与组成的意义，理解整体与部分的关系，学习初步有顺序地分合一个数。

2. 在实际操作活动中，进行5以内实物的分解组成，并发现递增递减的规律。

3. 乐于主动探索，愿意与同伴交流自己的发现。

 活动准备

1. 纸、笔、记录单人手一份。

2. 每人5个"月饼"、2个圆形操作盘。

活动过程

一、活动导入

教师：马上就要过中秋节了，兔子和小猫想要吃月饼，老师这里有5个"月饼"，我们要把它分成2份，该怎么分呢？请你们想一个好办法。

二、探索操作并进行记录

幼儿拿出"5个月饼"进行点数，尝试把"月饼"分成2份，放在2个盘子里，并用自己的方法进行记录。

三、展示、交流结果并认识分解式

1. 个别幼儿讲述。

教师："5个月饼"分成了2份，你是怎么分的？

2. 教师展示幼儿的操作结果，并用数字表示出来。

3. 教师引导幼儿认识分合符号"∧"，理解总数与部分数的关系。

4. 教师引导幼儿观察"5"分成2份后递增、递减的规律。

5. 教师引导幼儿发现两数互换位置，总数不变。

四、念读"5的分解式"

五、书写"5的分解式"

活动6　甜蜜的礼物

活动目标

1. 通过实际操作活动，能用简单的记录表示数量关系。

2. 初步理解5的加法算式的实际意义。

3. 能与同伴友好合作，体验游戏的乐趣。

活动准备

1. 数学本、纸、笔人手一份，幼儿5人一组，每组2张"柜子"图片（红色、蓝色操作纸）。

2. 教师操作道具一套（5个礼物、2个小筐）。

活动过程

一、问答游戏：复习5的组成分解

教师：小朋友我问你，5可以分成1和几？

幼儿：X老师我告诉你，5可以分成1和4。

教师：小朋友我问你，5可以分成2和几？

幼儿：X老师我告诉你，5可以分成2和3。

教师：小朋友我问你，5可以分成……

二、操作探索

1. 教师提出要求。

教师：老师这里收到很多礼物，需要小朋友帮我整理。请你数一数筐内一共有几个礼物？（5个）

教师出示两张不同颜色的柜子图片和5个礼物。幼儿从筐里一人拿一个礼物，随意放在柜子的格子里。然后用纸记录红色柜子里有几个礼物，蓝色柜子里有几个礼物，数一数两个柜子里一共有几个礼物，边操作边记录（请幼儿多次尝试不同的摆放方法）。

2. 幼儿探索操作，教师巡回指导。

3. 个别幼儿上前展示操作结果。

三、学习5的加法

教师：红色柜子里有几个礼物？（2个）用数字几表示？（2）

教师：蓝色柜子里有几个礼物？（3个）用数字几表示？（3）

教师：我们要把它们合起来，所以在"2"和"3"中间用一个"+"来表示。

教师：2和3合起来是多少？（5）我们在"5"的前面写上"="。

教师：为什么2+3=5？（因为5可以分成2和3，2和3合起来是5）

教师：在"+"两边的数是"加数"，"="后面的数是"和"。

四、尝试用算式记录，并与同伴分享自己的记录结果

活动7 爷爷为我打月饼

 活动目标

1. 理解歌曲内容，并能初步跟唱歌曲。

2. 感知并学习休止符。

3. 产生对红军爷爷的敬爱之情。

 活动准备

幼儿在家观看影片《啊，摇篮》片段（《爷爷为我打月饼》是该影片中的插曲）。

活动过程

一、谈话导入

教师：小朋友们都看影片《啊，摇篮》了吗？你们都看到了什么？

二、熟悉故事内容

教师：里面有一个情节讲的是爷爷为小朋友们打月饼，还唱了一首歌，你们还记得吗？咱们一起来看一下吧。

三、观看《爷爷为我打月饼》的视频片段

教师：这首歌曲的名字叫《爷爷为我打月饼》。你喜欢里面的爷爷吗？那时候，红军生活艰苦，没有粮食，只能吃草根；没有棉布，只能穿草鞋。可爷爷却在中秋节为孩子们打月饼，小朋友们都很爱戴他。今天我们就一起来学习这首歌吧！

教师有感情地清唱歌曲，提问歌曲名称、歌词，幼儿理解歌曲内容。

四、完整说歌词，感受和学习休止符

1. 以各种形式学唱歌曲。

（1）幼儿随琴演唱。

（2）师生接龙演唱。

（3）男孩女孩分组演唱。

2. 幼儿完整跟唱两三遍。

3. 幼儿跟音频尝试演唱。

4. 小结：我们现在的幸福生活来之不易，是许许多多红军战士用鲜血换来的，我们要记住他们，并珍惜现在的幸福生活。

活动8　团圆小挂饰

活动目标

1. 运用各种不同的线条，在挂饰的正面创作月饼图案，并运用团、捏等技能在挂饰的背面创作嫦娥、玉兔、桂花树。

2. 学习布局的方法，使团圆小挂饰更美观。

3. 知道保持周围环境的整洁。

活动准备

1. 打孔的白色圆盘、油画棒人手一个，白色纸黏土，黄色碎纸屑。

2. 收集的嫦娥图案，各种月饼图片的PPT、红色丝带每名幼儿30厘米。

一、回忆中秋节的来历

二、观察PPT中月饼上面的花纹

三、用各种线条装饰"月饼",教师巡回指导(线条的排列规律、适当用色等)

四、在圆盘背面粘贴嫦娥,用白色纸黏土捏出玉兔,将黄色碎纸屑代表桂花贴在圆盘的空白处

五、同伴间互相帮助在打孔处系上红丝带

六、悬挂作品,互相观赏

七、教师和幼儿互相讲评

路径二 我爱祖国

活动1 伟大的祖国

 活动目标

1. 初步了解祖国地域的辽阔,知道地图的形状和特点。
2. 知道祖国的名称,为自己是一个中国人感到自豪。
3. 萌发爱祖国、爱家乡的情感。

 活动准备

中国地图,幼儿旅游时的照片,蒙纸、笔人手一份。

 活动过程

一、观察中国地图

1. 引导幼儿观察地图,提问:这是哪个国家的地图?它像什么?

2. 请幼儿看着地图,伸出右手食指画一画中国地图轮廓,感受地图形状。

3. 引导幼儿观察地图,了解地图上相关的知识。

教师:请小朋友仔细看一看,你在地图上发现了什么?(地图上的颜色、比例尺寸等)

教师鼓励幼儿大胆说出自己观察到的结果并小结:比例尺表示图上距离和实地距离缩小的程度,指向标表示地图上的方向,上北下南、左西右东。绿色代表平原、黄色表示高山,颜色越深代表海拔越高;蓝色表示海洋,颜色越深表示水深越深。

二、分享交流：我是小导游

1. 幼儿相互交流自己外出旅游的照片。

2. 幼儿大胆讲述自己旅游的故事。

3. 教师将幼儿提供的照片贴在地图上相应的位置。

4. 教师在幼儿介绍的过程中，引导幼儿认识北京，知道北京是中国的首都。

5. 教师引导幼儿说出我们所在的城市——河南省郑州市，并在地图上找出相应位置，观察河南省地图上的形状。

三、用蒙纸描绘出中国的地图轮廓

 活动延伸

在区角中投放中国地图的拼图，供幼儿操作。

活动2　我们的祖国真大

 活动目标

1. 理解诗歌内容，了解我国地域广阔、南北方差异很大的特点。

2. 能够初步跟说诗歌。

3. 为祖国的辽阔感到自豪。

 活动准备

中国地图一张、冬天相关图片的PPT、抒情的背景音乐。

 活动过程

一、导入

教师：这是中国地图，你们看看它的形状像什么？（幼儿说一说自己的想法）

二、我们一起去旅游

教师：今天我来当导游，带小朋友到全国各地去旅游。咱们开上小飞机，老师要带你们去一个美丽的地方，准备好了吗？起飞！

1. 教师出示图片：鲜花盛开的风景图。

教师：小朋友们，现在我们来到了祖国的南方，你们觉得这里漂亮吗？这里的天气可舒服了，一年四季都像春天一样，鲜花盛开，美丽极了。

教师：你们知道这里的小朋友最喜欢干什么吗？（出示幼儿在游泳的图片，请幼儿谈一谈自己的感受）

教师：请小朋友们坐好，咱们还要去一个美丽的地方。出发！

2.教师出示图片：冰天雪地的风景图。

教师：小朋友们，你们知道我们现在到了哪里吗？我们现在来到了祖国的最北边，这里很冷，这里的雪景是最美丽的。猜一猜，这里的小朋友喜欢做什么？（出示幼儿滑雪的图片）

3.请幼儿谈一谈自己的感受。

三、学习诗歌并理解诗歌内容

教师：今天，我们要学习一首非常好听的诗歌，咱们先一起来听一听吧。

1.幼儿欣赏诗歌《我们的祖国真大》，教师有感情地朗诵。

2.幼儿说一说这首诗歌里自己最喜欢的一句或者是印象最深刻的一句。

3.教师结合PPT，用多种形式带领幼儿理解。

（1）讨论：北方是谁的家，它是什么样的？南方是谁的家，它是什么样的？

（2）重点理解：为什么说东西南北中的孩子在同一个时候，有的滑雪，有的游泳，有的围着火炉吃西瓜？

4.幼儿学习朗诵诗歌，采用相互朗诵、分段朗诵等形式，进一步萌发朗诵诗歌的兴趣。

5.幼儿配乐朗诵诗歌。

四、讨论长大后想为祖国做些什么

幼儿根据所学诗歌内容，进行绘画。

附诗歌

我们的祖国真大

我们的祖国真大，

北方，有冬爷爷的家，

十月就飘大雪花。

我们的祖国真大，

南方，有春姑娘的家，

一年四季盛开鲜花。

啊！伟大的祖国——妈妈，

东西南北中的孩子，

在同一个时候，

有的滑雪，有的游泳，

有的围着火炉吃西瓜。

活动3 祖国大家庭

 活动目标

1. 知道我国是一个多民族的国家，有56个民族，各民族人民勤劳、聪明、相互团结，共同生活在祖国的大家庭里。

2. 初步了解汉族、蒙古族、藏族、维吾尔族四个民族的服饰特点及生活习惯。

3. 懂得尊重和保护民族文化，有创造美好生活的愿望。

 活动准备

汉族、蒙古族、藏族、维吾尔族四个民族的舞蹈视频，四段民族舞蹈音乐，56个民族的图片。

 活动过程

一、了解我国是多民族的国家，有56个民族

1. 出示56个民族的图片。

2. 提问：图片中都有哪些民族的人？你知道我们国家有哪些少数民族吗？

3. 小结：我们国家很大，人口也很多，有56个民族，每个民族的服装也不一样。在我们国家，汉族的人口最多，其他民族人口相对较少，所以我们就称他们为"少数民族"。不管是哪个民族都是中国人，大家团结在一起，为我们祖国的建设做了很多事情。

二、认识、了解四个民族的服饰特点及生活习惯

教师分别出示四个民族的图片，让幼儿猜一猜他们是什么民族的，了解他们的生活环境、风俗习惯：生活在中国的什么地方，环境怎样，有什么美景、美食，住什么，穿什么，有些什么特色节日，文字、舞蹈、宗教情况等。

三、了解四个民族的音乐和舞蹈特点，萌发学习民族舞蹈的兴趣（可以观看视频或教师现场表演）

 活动延伸

观察民族娃娃服饰特征，大胆绘画不同的民族娃娃。

活动 4　彩　绸　舞

 活动目标

1. 感受歌曲《大中国》雄壮、有力及欢快活泼的特点。

2. 学习踏点步，以自身为中心正确辨别左右，能用彩条在不同方位有节奏地进行表演。

3. 萌发热爱祖国的情感。

 活动准备

1. 音乐《大中国》。

2. 幼儿人手两根彩绸（红色、黄色）。

 活动过程

一、欣赏音乐《大中国》，感受乐曲的情感

教师：听了这首曲子你有什么感觉呢？你知道这首歌曲叫什么名字吗？

二、探索彩绸玩法

教师：这是什么？你们可以用彩绸跟着音乐跳舞吗？

三、编排舞蹈

1. 教师和幼儿边唱边排练。

2. 幼儿在编排的过程中探索和解决以下问题：

（1）学习踏点步；

（2）怎样才能做到动作整齐统一（渗透左右方位知识，如左手拿红绸，右手拿黄纸条）。

3. 教师用多种方法带领幼儿练习、表演舞蹈。

活动 5　掀起你的盖头来

 活动目标

1. 知道舞蹈的名称，在教师的引导下能够初步跟跳舞蹈。

2. 初步学习进退步及托帽手的舞蹈动作，感受与他人合作舞蹈的乐趣。

3. 感受维吾尔族舞蹈活泼欢快的独特风格，对其产生浓厚的兴趣。

活动准备

1. 幼儿已有垫步、踏点步的经验。
2. 红盖头、新疆舞动作图示。

活动过程

一、随《掀起你的盖头来》音乐做踏点步进场

二、萌发兴趣

教师：小朋友们都知道新疆这个地方吗？新疆的维吾尔族人民能歌善舞，所以新疆被称为中国的"歌舞之乡"。今天我们一起来跳新疆舞吧！

三、复习新疆舞的基本步法

复习基本步法——垫步，踏点步；手部动作——翻腕。

四、学习舞蹈

1. 幼儿再次聆听《掀起你的盖头来》，并感受乐曲欢快、有趣的曲调。

教师：前几天我们欣赏了一首欢快、有趣的新疆歌曲，叫什么名字？让我们再来一起听一听！

2. 欣赏舞蹈。

（1）教师示范表演。

（2）教师和幼儿边唱边学习动作。

① 学习"掀盖头"的动作。

教师：这首歌曲里讲到了一个美丽的新疆姑娘，现在，老师就来扮演这个美丽的新疆姑娘。看！我带来了一块红盖头，我也盖在头上，现在你们能看清楚我的脸吗？（教师可以将红盖头掀起、放下，让幼儿比较哪个看得清楚）

教师：那怎样才能看清楚呢？你来做一做，看清楚了吗？

教师：想要看清楚把盖头掀起来就可以了，你能不能用舞蹈动作来表现掀盖头呢？（提示幼儿动作要好看、有美感）

② 个别幼儿表演，教师提示幼儿边唱边做动作。

（3）学习"看新疆姑娘"的动作。

教师：看清楚了吗？你是怎样看的？

教师：哦！你是这样看的，真漂亮！还可以怎样看呢？请你把"掀盖头"和"看新疆姑娘"的动作连起来表演一下！

（4）创编"赞美姑娘"的动作。

教师：看到这么美的"新疆姑娘"，咱们从心底里喜欢和赞美她，那可以用什么样的动作来表现你对新疆姑娘的喜欢和赞美呢？

教师：哦！你是用这个动作来表现的，真不错！请小朋友看看，刚才有个小朋友做的动作像不像这个新疆姑娘做的动作啊！（出示图示）

教师：这个动作在新疆舞里的名字叫"托帽手"，一只手放在斜前上位，另一只手放在小花帽的旁边，手心朝上，托着小花帽，所以叫"托帽手"。

教师：一起来学学看！

教师示范进退步及拍手托帽的舞蹈动作，并分解动作教给幼儿：脚（进退步）——手（托帽手）——整体。

教师：好，现在请你们听着音乐跳舞，看哪一位小朋友能把自己编的动作和新学的动作合起来跳（教师巡回指导，纠正不正确的姿势）。

教师：还可以用什么动作来表现？（每一个动作图示都要讲动作要领，并让幼儿模仿）手是这样放的，那脚怎样做呢？（带领幼儿反复练习，纠正幼儿的动作，引导幼儿将步法和手的动作结合起来）

五、表演创编的舞蹈动作

教师：今天我们编了这么多好看的新疆舞动作，这首歌曲有四段，每一段的歌词都不一样，那咱们就选出四个动作，每一段用一个动作好吗？

1. 初步尝试随音乐表演舞蹈动作。

教师：先用图上的四个动作跳舞！请小朋友们看好了图片上的动作，听着音乐表演一次。

2. 变换动作的顺序。

教师：小朋友们表演得真好！老师把这四个动作换个位置，看看你们能不能表演得和上一次一样好！

六、尝试合作表演

教师：我们分成5组，每组选出一个小朋友来扮演美丽的新疆姑娘，其他小朋友用刚才我们想出来的舞蹈动作表演掀盖头、看姑娘和赞美姑娘，好不好？（幼儿分组表演）

教师：5组小朋友都表演得很好！老师再提一点建议：在第二段音乐间奏处，摆一个造型。我来拍照，看看哪一组的小朋友表演得最好！（幼儿表演）

七、欣赏教师表演

教师：今天，小朋友们自己编了一个欢快、有趣的新疆舞蹈，老师今天也编了一个新疆舞请小朋友一起来欣赏。

 活动延伸

在表演区投放维吾尔族舞蹈道具，鼓励幼儿自发地创造和练习。

活动6　美丽的郑东新区（一）

 活动目标

1. 能够运用已有的经验连贯、清楚地讲述郑东新区。

2. 通过观察比较图片，用数字或其他方式正确记录统计表。

3. 感受家乡的变化，并为此感到高兴。

 活动准备

1. 幼儿去郑东新区游玩的照片、郑东新区鸟瞰图。
2. 景点统计表。

 活动过程

一、根据照片讲述郑东新区

1. 幼儿展示去郑东新区游玩的照片，并大胆讲述。

（1）幼儿之间相互交流。

（2）教师鼓励个别幼儿大胆讲述"我去过的郑东新区"。

（3）教师出示郑东新区鸟瞰图，请幼儿找到自己照片在图上相对应的位置。

2. 教师出示统计表，请幼儿用数字或其他方式分组统计自己去过的郑东新区。

二、对比新老城区，感受城市变化，并为此感到骄傲

1. 教师出示郑州老城区的照片，幼儿观察并说出自己的感受。

2. 幼儿欣赏郑东新区的照片，说说感受。

3. 小结：郑州市的发展日新月异，以前楼房破旧、马路狭窄，今天高楼林立、交通发达、道路宽阔、环境优美。我们的家乡变化真大！

三、我来说一说"美丽的郑州"

幼儿根据已有经验，每人说一句赞美郑州的话。

 **附景点统计表**

小组统计表：我去过的地方

会展中心	湿地公园	如意湖	艺术中心	地质博物馆

班级统计表：我去过的地方

组别	会展中心	湿地公园	如意湖	艺术中心	地质博物馆
第一组					
第二组					
第三组					

（续　表）

组别	会展中心	湿地公园	如意湖	艺术中心	地质博物馆
第四组					
第五组					
第六组					
第七组					
第八组					

活动7　美丽的郑东新区（二）

活动目标

1. 初步了解郑东新区的整体情况。

2. 能用自己的语言大胆介绍美丽的郑东新区。

3. 通过画、剪、贴等多种形式创作自己眼中的郑东新区，产生爱郑州的情感及作为一名郑州人的自豪感。

活动准备

美丽的郑东新区

1. 郑东新区环形图一张，水彩笔、剪刀、双面胶人手一份。

2. 郑东新区景点和办公楼图片的PPT。

活动过程

一、在郑东新区地图中找出主要景点的位置

小结：中央商务区是由两圈共60栋高层建筑群组成的环形城市，两环之间是繁华、舒适的商业步行街，环形建筑群的中间是椭圆形的中心公园，含环湖绿地、郑州国际会展中心、省艺术中心周边绿地，如意湖和三大标志性建筑被绿地所环绕。

二、欣赏郑东新区有特色的办公楼

提问：你喜欢这些高楼吗？为什么？

三、我是小小设计师

幼儿分组，为郑东新区设计高楼和特色景点，教师巡回指导。

四、集体创作：美丽的郑东新区

1. 幼儿将自己设计的高楼和特色景点剪下来。

2. 教师出示一张大的郑东新区环形图，幼儿将自己画的高楼和特色景点粘到正确的位置。

3. 师幼可在图上补充方向标和其他标志，完善整个画面。

活动8　欢乐的国庆节

活动目标

1. 在操作探索过程中，学习5的减法并感知减法的含义。

2. 知道生活中有许多问题可以通过数学来解决。

3. 体验数学活动的乐趣。

活动准备

1. 教具：可活动的图片（5只鸽子、5个气球、5面彩旗、5盆花）。

2. 学具：每人5块"饼干"，盘子、铅笔、数学本人手一份。

活动过程

一、谈话导入

教师：要过国庆节了，请小朋友和老师一起去装扮广场。

二、师幼共同操作图片，初步感知和理解5的减法

1. 教师出示第一组图片：广场上有几只鸽子？（5只）飞走了几只？（1只）还剩下几只鸽子？（4只）

（1）提问：5只鸽子用数字几表示？飞走1只用数字几表示？还剩4只用数字几表示？

（2）教师根据幼儿回答用减法算式表示5-1=4。

（3）教师出示"-"，提问这个符号表示什么（表示"飞走了"），引导幼儿发现"减号"的含义。

2. 教师出示第二组图片：有几个气球？（5个）飘走了几个气球？（2个）还剩几个气球？（3个）（幼儿尝试列出减法算式5-2=3。）

3. 教师出示第三组图片：有几盆花？（5盆）摆好了几盆？（3盆）还剩几盆？（2盆）（请幼儿根据图意列出算式5-3=2）

4. 教师出示第四组图片：有几面彩旗？（5面）挂上了几面？（4面）还剩几面？（1面）（请幼儿列出算式5-4=1）

5. 幼儿读出5的减法算式。

三、自由操作并列出算式，进一步掌握5的减法

1. 教师布置任务：大家都是能干的小帮手，老师请大家吃"饼干"。一共有5块饼干，每次取出不同数量的饼干，你的盘子里还剩几块？请在本子上列出相应的减法算式。

2. 幼儿操作，教师巡回指导。

3. 个别幼儿展示自己书写的算式，集体进行验证并读出算式。

路径三 我陪爷爷奶奶过节

活动1 认识重阳节

 活动目标

1. 知道重阳节是我国传统节日之一，有其独特的活动和风俗习惯。

2. 了解重阳节的由来。

3. 懂得敬老爱老、尊敬长辈是中华民族的传统美德。

 活动准备

1. 幼儿提前了解爷爷奶奶年轻时的工作。

2. 重阳节由来和习俗的PPT。

认识重阳节

 活动过程

一、谈话导入，了解重阳节

1. 提问：明天是农历的九月初九，你们知道是什么节日吗？（重阳节）

2. 观看PPT。

3. 小结：重阳节是我们中国特有的传统节日，也称老人节。

二、介绍自己的爷爷或奶奶（外公、外婆）

教师：说说自己的爷爷或奶奶（外公、外婆）年轻时是做什么工作的，有什么本领？

教师：爷爷奶奶（外公外婆）不光对社会有贡献，还很关心我们。

教师：谁能说说爷爷奶奶（外公外婆）是怎样关心我们的？

小结：我们也很关心老人，为他们提供了很多优惠待遇，如开老人院、造老人活动中心、高龄老人优先乘车、优先看病等。

三、给爷爷奶奶送节日祝福

四、朗诵古诗《九月九日忆山东兄弟》

"独在异乡为异客，每逢佳节倍思亲；遥知兄弟登高处，遍插茱萸少一人。"

译文：我在异乡做客人的时候，每遇到佳节良辰时总会思念起家乡。虽然我人在他乡，但早就想到今天是重阳节，故乡的兄弟们要登高望远，我想当他们在佩戴茱萸时，会发现只少了我一人不在。

1. 教师朗读。

2. 幼儿理解古诗含义。

3. 幼儿跟读。

五、讨论：为什么要过重阳节

教师：爷爷奶奶（外公外婆）现在年纪大了，退休了，是不是就没用了呢？（幼儿边议论边答）

教师：他们虽然年纪大了，但是对社会做出了许多贡献，我们应该记住、感谢他们。现在他们年纪大了，身体也出现了许多不方便的地方，我们更应该关爱他们，不让他们感到孤单，所以专门设置了这个节日。

活动2　美丽的花环

 活动目标

1. 尝试用绘画、剪贴、撕、拧的方法制作不同形状、大小的花朵。

2. 用自己制作的花朵，大胆创新装饰花环。

3. 感受所制作花环的美，体验成功的乐趣。

 活动准备

1. 各式各样的彩纸，水彩笔。

2. 彩色皱纹纸、宽丝带每人1米，双面胶、剪刀每人一份。

 活动过程

一、结合调查表介绍自己的爷爷奶奶（或外公外婆）

二、制作美丽的花环

教师：农历九月九日是重阳节，是老人们的节日，你们愿意给自己的爷爷奶奶（外公外婆）送一份礼物吗？

1. 幼儿自由探索花朵的制作方法。

（1）教师出示各式各样的花朵，幼儿自由探索。

（2）个别幼儿讲述制作花朵的方法。

（3）幼儿选择自己喜欢的方法，用不同的材料制作花朵（用绘画、剪贴、撕、拧的方法制作不同形状、大小的花朵）。

2. 制作和装饰花环。

（1）幼儿自由探索制作花环的方法。

（2）个别幼儿讲述自己制作花环的方法。

（3）幼儿选择自己喜欢的方法制作花环。

三、展示花环，体验成功的快乐

活动3　我请爷爷奶奶来过节

活动目标

1. 知道重阳节是我国特有的传统节日。

2. 乐意参与重阳节的相关活动，尝试用捶背、端水等行为表达对爷爷奶奶的尊敬。

3. 在与爷爷奶奶的互动、交流中，萌发对爷爷奶奶的爱。

活动准备

和爷爷奶奶人数匹配的花环。

活动过程

一、用掌声欢迎来幼儿园的爷爷奶奶

幼儿边拍手边说儿歌：重阳到，重阳到，爷爷奶奶节日好，我们非常感谢您，过节向您问个好。（可重复几遍）

二、请爷爷奶奶们入座

三、小主持人宣布活动开始

四、为爷爷奶奶表演节目

五、爷爷奶奶为幼儿表演节目

六、爷爷奶奶辛苦了

1. 为爷爷奶奶敲敲背、捶捶腿。

2. 为爷爷奶奶端杯水。

七、送礼物

幼儿将准备好的花环送给爷爷奶奶，并亲吻爷爷奶奶，每人向爷爷奶奶说一句祝福的话。

八、拍照留念

路径四 秋天的种子

活动1 秋天的图画

 活动目标

1. 看图感知秋天的主要特征，学习用"金黄色""金灿灿""五颜六色""千姿百态"等词语讲述画面的主要内容。

2. 能仔细观察图画，耐心倾听同伴发言，用较完整连贯的语言表达图画内容。

3. 根据已有经验，愿意用绘画和讲述的形式表现秋天的色彩。

 活动准备

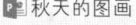 秋天的图画

1. 熊猫手偶1个，人手一张白纸、一盒油画棒。

2. "秋天的图画"PPT。

 活动过程

一、熊猫手偶导入活动

教师：小朋友好！我是熊猫老师。

教师：上图画课了，熊猫老师要求小动物们画出自己看到的秋天。请小朋友仔细看图，说说有哪些小动物，它们画出了秋天的哪些景色。

二、自主观察画面，发现画中秋天的主要特征

1. 教师出示PPT，幼儿结伴看图讲述：秋天里树叶都变黄了，枫叶红了，水果和庄稼都成熟了。

2. 个别幼儿在集体面前大胆地讲述。

三、根据经验进行讲述，并注意倾听同伴的发言

教师：熊猫老师要求小动物画什么景色的图画？

教师：小猴子画的是什么？果山上都有什么果树？

教师：小兔子画的是什么？菊花是什么颜色的？

教师：小花猫画的是什么？田野里有什么？

教师：熊猫老师看见这些美丽的画面，会说什么呢？

教师带领幼儿逐一讨论讲述，并注意丰富幼儿的用词，如"金黄色""金灿灿""五颜六色""千姿百态"等。

四、教师完整讲述画面并带领幼儿一起讲述，也可以请个别幼儿在集体面前讲述

五、用绘画的形式表现秋天的特征（秋天的果实、庄稼丰收、植物的颜色丰富多彩），并讲述自己画的秋天

六、与同伴交流自己所描绘的"秋天的图画"

秋天的图画

上图画课了，熊猫老师要求小动物们画出自己看到的秋天的景色。

小猴子画的是果山。黄黄的梨，红红的苹果，橙色的橘子，紫色的葡萄，看得叫人直流口水。

小松鼠画的是树林。梧桐叶变黄了，枫树叶变红了，像蝴蝶一样从天上飘落下来，真好玩呀！

小兔子画的是花园。美丽的菊花开放了，五颜六色，千姿百态，真是漂亮极了！

小花猫画的是田野。农作物成熟了，金黄色的稻谷、金灿灿的玉米，等着农民伯伯去收割。

熊猫老师高兴地说："秋天的图画，多么美丽呀！"

活动2　秋天多么美

 活动目标

1. 熟悉歌曲旋律，学唱歌曲，唱清歌曲的副歌部分。
2. 在图片的支持下，学习附点四分音符和八分音符，能区分两个乐段的不同。
3. 感受秋天的意境美。

 活动准备

1. "秋天多么美"PPT。
2. 音乐《秋天多么美》。

秋天多么美

 活动过程

一、结合PPT观察画面

教师：秋天到了，我们一起来看看，有哪些农作物丰收了？

二、完整欣赏歌曲，熟悉歌词

1. 教师完整地范唱歌曲，重点引导幼儿了解歌词内容。

教师：我来唱一首秋天的歌，请你们听一听，歌里唱了些什么？当秋风吹起来的时候，发生了什么事？

2. 教师再次范唱歌曲，重点引导幼儿借助图片理解歌词。

3. 幼儿在倾听歌曲的过程中，跟随教师一起唱歌曲的副歌部分"来来来……"。

三、初步学唱歌曲

1. 幼儿跟随教师尝试完整地学唱歌曲。

2. 教师指图，带领幼儿完整地演唱歌曲。歌曲分两个乐段，第一乐段有四个乐句，应唱好附点八分音符及连音；第二乐段有三个乐句，应唱好附点四分音符及跳音。

3. 幼儿自由选择角色，分角色演唱。

四、歌曲表演

1. 幼儿根据歌曲内容完整地表演歌曲。

2. 幼儿自由选择角色表演歌曲。

3. 幼儿互换角色表演歌曲。

活动3　种子藏在哪里

活动目标

1. 了解植物的种子有很多种类，它们各不相同，生长在各自的果实之中。
2. 能探索发现几种常见植物的种子，且知道其生长于植物的不同部位。
3. 乐意动手操作，体验发现的乐趣。

活动准备

1. 哈密瓜、苹果、梨、葡萄。
2. 果树的图片。

种子藏在哪里

活动过程

一、种子在哪里

教师依次出示哈密瓜、苹果、梨、葡萄等水果，幼儿说一说这些水果的种子藏在哪里。

二、品尝水果，寻找水果中的种子

幼儿说一说这些水果种子都长什么样子，观察比较几种种子的异同。

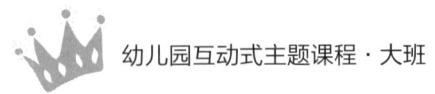
三、游戏：种子宝宝找妈妈

1. 幼儿手拿种子，在音乐声中找到相应的果实，看谁找得又对又快。

2. 教师出示图片：刚才我们找到了一些水果的种子，还有许多植物，它们的种子又长在哪里？是什么样子的呢？我们一起来看一看！

3. 幼儿观察图片，交流新发现和学习经验。

教师：你发现了什么植物的种子？它长在哪里？它是什么样子的？谁发现了很特别的种子要介绍给大家？

四、延伸

教师：刚才，我们知道许多水果的种子可以吃，那么种子最大的作用是什么呢？（繁殖后代，发芽长出新的植物）

 活动延伸

收集各种植物图片和实物种子，进行匹配。

活动4　种子食品品尝会

 活动目标

1. 了解种子在人们生活中的作用，知道种子食品是人们食物的重要来源。

2. 愿意用图画、数字等符号，记录种子食品的种类和自己喜欢的种子食品。

3. 乐意与同伴分享种子食品，体验分享的乐趣。

 活动准备

1. 幼儿自带各种种子食品。

2. 分类盒每组一个，铅笔、白纸人手一份。

 活动过程

一、自由介绍种子食品

教师：种子可以做各种食品，请大家介绍一下自己带来的种子食品，说说是哪种植物的种子。

教师：你还知道哪些种子食品？

教师：关于种子食品，你还有哪些问题？蛋糕是不是种子食品呢？

二、讨论种子的作用

1. 提问：你知道哪些种子？种子有什么用途？

2. 教师引导幼儿列举可以食用的种子种类，如稻、麦、豆……

3. 提问：假如世界上没有了植物，没有了种子，会怎么样？

4. 小结：种子除了可以繁殖后代以外，还可以食用，它是我们食物的主要来源。

三、品尝种子食品，并进行统计

1. 教师激发幼儿品尝种子食品的兴趣。

教师：今天种子妈妈举办了一场种子食品品尝会，请小朋友来品尝各种各样的种子食品。

2. 教师出示记录单，提出种子食品品尝会的要求。

教师：一共有多少种种子食品？请记录下来，然后请你品尝一下每种种子食品，记录你自己喜欢的种子食品的名称。

3. 幼儿选取种子食品进行品尝。

（1）教师引导幼儿品尝种子食品，并和同伴交流种子食品的味道，同时引导幼儿用自己喜欢的方式记录这些种子食品。

（2）幼儿填写记录单，一起交流种子食品品尝会的感受。

 活动延伸

用各种不同的果壳（开心果壳、葵花子壳等）进行拼贴画活动。

活动5 撒 瓜 子

 活动目标

1. 学习用目测和点数的方法记录撒瓜子的结果，初步感知7的组成。
2. 发现多次记录结果的异同，体验将7颗瓜子分成两份会有不同的答案。
3. 喜欢并能主动参与不同的操作活动，体验活动的快乐。

 活动准备

7颗瓜子（南瓜子正反面涂上不同颜色）、2张空白记录单、1支铅笔人手一份。

 活动过程

一、观察"会变的瓜子"

教师：看一看，盘中的瓜子和平常见到的瓜子一样吗？有什么不同？

教师：用先目测后点数的方法数一数，你的盘子里有多少颗瓜子？

二、撒瓜子（探索7的组成分解）

1. 撒一撒。教师介绍活动要求：把7颗瓜子抓在手里，轻轻地撒在桌面上，看一看有几颗是红色的，几颗是绿色的。

2. 幼儿把撒出来的结果记在记录单上。每撒一次，记录一次，记录的结果要和撒出的结果一样。

3. 幼儿操作。

三、展示交流

1. 教师展示幼儿的记录单，鼓励幼儿学习同伴的记录方式。

2. 集体观察一张记录单，找一找记录单上有哪些相同的记录，有哪些不同的记录。

四、师幼共同小结

1. 幼儿再次游戏，在记录时吸取同伴的经验。

2. 个别幼儿在集体中介绍自己撒瓜子的结果，教师在黑板上记录，初步感知7的组成及规律。

 活动延伸

区角活动中投放瓜子，幼儿操作，并写出7的组成分解式。

活动6　骑"白马"的苍耳

 活动目标

1. 初步了解几种常见的种子传播方式，知道种子的外部形态与传播方式之间的关系。

2. 能和组内同伴协作，尝试对种子的传播方式进行分类。

3. 产生对种子传播方式的探索欲望和兴趣。

 活动准备

1. 幼儿观察过一些植物的种子，对种子的外部特征有初步了解。

2. 操作卡片（长刺的、长有羽毛的、长钩的、长翅膀的、色彩鲜艳的种子植物图片每种2～3张），视频《种子的传播》，种子传播方式的图标一套（弹射传播、动物传播、风传播、水传播、粪便传播），小组记录表3张；苍耳子人手一颗。

 活动过程

一、在悬念中萌发对苍耳传播的兴趣

教师：我们在幼儿园、家、公园里找到了许多种子。那天我采完种子后发现了一样奇

怪的东西，牢牢地粘在我的衣服上。看！就是这个，你们认识它是什么吗？

教师：它为什么会挂在我的身上呢？

二、了解种子传播的意义

1. 欣赏故事《骑"白马"的苍耳》第一段。

教师：故事名字中的"白马"指的是谁呢？

教师：小白兔离开时发生了什么事情？苍耳子为什么要这样做呢？

2. 小结：原来苍耳子的身上有很多小刺，这些小刺可以帮助它挂在动物的身上，这样小苍耳就可以到别处去安家了。种子离开妈妈到新的地方安家，就是种子的传播。

三、了解几种常见种子的传播方式

1. 欣赏故事《骑"白马"的苍耳》第二段、第三段。

2. 提问：刺猬先生还知道哪些种子？它们是怎么传播的？

四、欣赏种子传播的视频

1. 教师提问种子的传播方式都有哪些。

2. 教师根据幼儿的回答，分别出示种子和其传播方式的图标。

3. 小结：种子的外形不一样，它们的传播方式也不同，有动物传播（带刺的）、风传播（有"羽毛"或"翅膀"）、水传播（靠近水边生长）、粪便传播（外表有好吃的果肉包裹）等。

五、根据种子的外形特征，和组内同伴协作分类

1. 教师给每组发放若干植物种子的图片，幼儿共同讨论传播方式，协作将种子进行分类，粘贴在小组记录表上。

2. 集体分析其中一组的分类方式后，进行组内的检查和调整。

 活动延伸

1. 在散步及户外活动时，可以找各种植物的种子，并根据它们的外部形态特征讨论、探索其传播方式。

2. 在图书区提供绘本《一粒种子的旅行》，供幼儿阅读。

 附故事

骑"白马"的苍耳

刺猬先生像一位民警。它每天夹着个小本子，调查着这块草地上小花小草的来历。近来，它发现，草地上悄没声儿地长出了两棵苍耳，在苍耳的绿枝上，还结出了好多带刺的小苍耳。小刺猬感到很奇怪："小苍耳，你们的模样挺像我呢！你们是怎么到这儿来的？"正巧这时一只小白兔跑过，它向小刺猬问好，并请它有空来做客。当小白兔离开时，小刺猬发现，有三个小苍耳，已经把自己的小刺钩在小白兔的毛上了，并快乐地唱起了歌："小苍耳，骑'白马'，没腿也能跑天下，告别妈妈和故乡，快到远处去安家……"小刺猬乐了，它终于懂得了苍耳是怎么到这儿来的。

这时，苍耳好奇地问："刺猬先生，刺猬先生，你能向我介绍一下我的邻居们，它们又是怎么来到这里的吗？"刺猬先生笑着说："蒲公英的种子，是撑着小伞，由风婆婆送来的。豌豆妈妈了不起，结的果实像个小炸弹，太阳一晒，果皮爆裂了，会把种子像子弹一样射出去，射得老远老远的。至于那棵小樱桃树，就更有趣了。那是一只贪嘴的小鸟，吞下了樱桃，然后把樱桃核和鸟粪一起拉了出来，掉在草地上，樱桃树苗就这样长出来了。而那株漂亮的小荷花，那是一颗莲子顺着水漂呀漂，来到了这里，才开出了这么美丽的花朵。"

听了刺猬先生的介绍，苍耳高兴地说："原来大家都是用不同的方式来到这里的啊！"

活动7 种 子 贴 画

活动目标

1. 通过触摸、观察、比较发现种子多种多样的特点。
2. 学习根据种子的特征，进行种子拼贴画。
3. 通过拼贴图画，感受创作的快乐和喜悦。

活动准备

1. 赤豆、玉米、黄豆、西瓜子、南瓜子等不同种子每组一份。
2. 卡纸等稍微有些硬度的纸、双面胶或胶水、水彩笔每组一份。

活动过程

一、观察特征，述说特点

幼儿通过触摸、观察、比较，发现种子多种多样的特点，用连贯的语言说说其特点，如圆、扁、大、小、软、硬等。

二、发挥想象力，说出种子像什么

教师请幼儿回答，并请幼儿在展台上进行艺术创想。

三、自由探索，拼摆种子

教师展示部分幼儿的作品，引导全体幼儿对作品内容进行讨论。

四、再次操作种子，完成自己的种子贴画

五、幼儿作画，教师巡回指导，适时帮助

1. 幼儿依据纸上画好的图形，用双面胶进行粘贴。
2. 幼儿自由选择种子进行拼摆，并按压、贴合。

3. 教师让幼儿尝试操作并鼓励幼儿说说有什么发现和困难。

4. 教师鼓励大家一起为有困难的孩子想办法解决困难。

注意：粘贴时，每次取少量种子，全都粘贴后，用手掌轻轻地压一下。

六、为自己的作品起名字，并展示作品、互相交流

 活动延伸

亲子活动：我和爸爸妈妈一起做种子贴画。

活动8　绘本《小种子》

 活动目标

1. 仔细观察画面，感受绘本的独特之处——粘贴画的风格，并能运用已有的认知经验大胆猜测、表达绘本的情节。

2. 从故事中感受一年四季变化的意境美和语言美，体验种子生根发芽的不容易。

3. 感悟小种子为了长成巨型花不断努力的精神。

 活动准备

1. 绘本《小种子》人手一本。

2. 绘本《小种子》PPT。

 活动过程

一、教师引导幼儿观察封面

教师：小种子在哪里？秋风一吹，种子们离开了妈妈，它们会飞到哪里去呢？

二、幼儿自由阅读绘本

幼儿介绍自己最喜欢的一页，说说这本书和自己平时看的有什么不同（画面是用粘贴画的形式表现的）。

三、教师讲述第一段故事内容（从"秋天来了……"到"我们的小种子躺在地上一动不动，老鼠没看见它"）

教师：种子们在飞行的过程中遇到了哪些危险？请用"有的……有的……有的……"讲述。

教师：除了这些危险，种子们还可能遇到哪些危险？请用"可能……可能……还可能……"讲述。

教师：那粒小小的种子为什么能安然无恙？

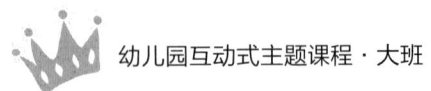

教师：剩下的这些种子能顺利长大吗？

四、教师讲述第二段故事内容（从"几个月过去了……"到"原来是一个男孩把花送给了女朋友"）

教师：种子们是如何长成植物的？（生根、发芽、长叶、开花）

教师：植物在生长过程中会遇到哪些不幸的事？

五、教师讲述第三段故事内容（从"小种子长成的植物孤独地生长着……"到"它们也从没有看到过那么巨大、那么好看的花"）

教师：这颗小小的种子为什么能长成巨型花？（体会种子的幸运和努力）

六、教师讲述最后一段故事内容

教师：这些种子，它们又将飞到哪里去？又将经受些什么考验呢？

教师：长大容易吗？可能会经受哪些挫折？

小结：在一个人的成长中，只要不怕小，不怕慢，一刻不停地努力，就会实现自己的梦想。

七、师幼共同感受小种子一年四季不同的特征及其经历的变化

教师：小种子在整个生长过程中经历了哪些季节？这些季节里小种子都有哪些变化？

 活动延伸

绘画"小种子的变化"，进一步了解、发现种子的变化。

路径五　秋天的落叶

活动1　落　　叶

 活动目标

1. 在理解散文诗内容的基础上，感受其优美的意境。

2. 迁移已有的生活经验，大胆想象，尝试用"树叶落在×××，××爬过来，……把它当作××"的句式仿编诗歌。

3. 感受秋天的季节特征，感知与体验季节的变化。

 活动准备

1. 秋天景色挂图一张、和散文诗内容匹配的秋天图片一套、舒缓的音乐。

2. 操作板人手一张、水彩笔人手一份。

 **活动过程**

一、开始部分

1. 教师：小朋友们，现在是什么季节呀？（秋天，出示挂图）

2. 教师：秋天已经悄悄到来了，你有没有感到我们周围有什么变化呢？你来说……这个小朋友说啦，到了秋天，天气变冷了，我们都穿上了厚厚的外套。你来说……这个小朋友告诉我们，到了秋天树叶都变黄了，从大树上落了下来（引导幼儿说一说自己对秋天的感受）。

二、基本部分

1. 欣赏散文诗，理解诗歌内容。

（1）提问：小树叶飘啊飘，它们会落到哪里呢？老师今天给小朋友们带来一首好听的散文诗，名字叫作《落叶》。

（2）教师有感情地朗诵散文诗一遍。

① 提问：散文诗中的小树叶都落到了哪些地方？你来说……哦！他听到了小树叶落在了水洼里还有小河里。谁还有不同的意见？你来说……这个小朋友听到小树叶落在了院子里，还有草地上。你的小耳朵真灵。

② 教师根据幼儿回答，出示相应图片。

（3）教师再次朗诵散文诗。

教师：接下来，老师再朗诵一遍散文诗，这次请小朋友们再仔细听一听，都有谁来了，并且把小树叶当作了什么。

① 提问：谁来了？它把小树叶当作了什么？谁能用散文诗里的话来完整说一说？你来说……哦！小虫爬过来，躺在里面，把它当作屋子，你说得真完整。你来说……小蚂蚁爬过来，坐在上面，把它当作小船。还有谁呢？

② 教师根据幼儿回答，出示相应图片并进行排列，引导幼儿了解散文诗的句式特点。

2. 幼儿跟说散文诗两三遍。

教师：你愿不愿意跟老师一起说一遍这首散文诗呢？请你用最好听的声音看着黑板上的图片跟老师一起来说一说吧。

教师：下面老师请小朋友们跟我一起玩一个好玩的游戏，我说前半句，请你们说后半句，看谁说得最准确。

教师：这么好听的散文诗，有没有小朋友已经会说了呢？那么请已经会说的小朋友自信地站起来，跟着优美的音乐来说一说这首散文诗吧。

3. 幼儿仿编诗歌。

（1）教师引导幼儿进行仿编。

教师：这首散文诗告诉我们小树叶落在了很多地方，你觉得小树叶还会落到哪里，会被谁看见，把它当作什么？给你一分钟的时间想一想，然后轻轻地跟旁边的小朋友说一说。

教师：好，所有的小朋友，小眼睛看老师。下面，老师给每个小朋友发一张操作卡，请你用最简单的线条，在卡片上画一画。在第一个格子中画出你的小树叶落在了哪里，第二个格子中画出都有谁看到了，第三个格子中画出把它当作了什么。

（2）个别幼儿分享自己仿编的散文诗内容，教师进行梳理，引导幼儿按照散文诗中的句式进行仿编，感受其韵律美。

教师：好，很多小朋友都画完了，谁能来说一说，你的小树叶落在了哪里？被谁看见了？把它当作什么？你来说……哦！小树叶落在了幼儿园里，毛毛虫看见了，把它当作滑滑梯，你动脑筋了，真棒。你来说……他的小树叶落在了房顶上，小鸟看见了，把它当作绘画纸，在上面画了一幅漂亮的画，你的散文诗真好听。还有谁愿意说一说？小树叶落在了树林里，小白兔看见了，把它当作扇子，哇！真是太棒了。

4. 教师和幼儿共同完整朗诵散文诗，进一步感受散文诗的优美意境。

教师：最后请小朋友们再一起来跟老师朗诵一遍这首好听的散文诗吧！

1. 把挂图投放到语言区，幼儿可以继续创编练习。
2. 在美工区投放各种落叶，幼儿可以自由拼贴、拓印。

落　叶

秋风起了，天气凉了，一片片树叶从树上飘落下来。

树叶落在草地上，小虫爬过来，躺在里面，把它当作屋子。

树叶落在水洼里，蚂蚁爬过来，坐在上面，把它当作小船。

树叶落在小河里，小鱼游过来，藏在下面，把它当作小伞。

树叶落在院子里，燕子看见了，说："来信了，催我们到南方去了。"

活动2　绘本《落叶跳舞》

 活动目标

1. 幼儿阅读绘本，理解作品内容，感受绘本中"欢快地""热烈地""摇摇摆摆"等词语所表示的含义。
2. 能用简单的身体动作表现落叶，体验落叶跳舞的快乐。
3. 感知并了解落叶是秋冬季节的特征。

 活动准备

1. 绘本《落叶跳舞》PPT。
2. 舒缓的背景音乐。

活动过程

一、观察封面

教师：这两个小人有什么奇特的地方？

二、自由阅读绘本，讲讲自己最喜欢的画面

教师：你喜欢哪幅图？为什么？

三、通过PPT理解绘本

教师重点讲解第8～11页，幼儿学习词语"摇摇摆摆"，并在阅读这几页时用肢体表现落叶。

四、重点阅读第12页至结尾

1. 提问：天气变凉了，小树叶在冷风中快乐地游戏，它们是怎么玩的？请小朋友们翻到第12页，在书中找一找。

2. 幼儿阅读。

3. 幼儿回答，教师帮助幼儿梳理的同时，和幼儿一起用动作感受小树叶在风中游戏的乐趣。

五、自主完整阅读绘本

六、在优美的音乐中听教师完整讲读绘本

活动3 各种各样的叶子

 活动目标

1. 观察比较不同的树叶，了解树叶的大小、形状和颜色。

2. 认识叶柄、叶脉、树叶的正反面，利用树叶组合出不同画面。

3. 体验拼贴的乐趣，感受自然界的美。

 活动准备

1. 户外有落叶的场地。

2. 胶水、棉棒、小盘、绘画纸、剪刀、水彩笔人手一份。

 活动过程

一、观察比较树叶，自由探讨、发现树叶不同的形态和颜色

教师：我们一起看看离开树妈妈的小树叶长得什么样、是什么颜色吧！

小结：树叶宝宝有不同的形状和颜色。有红色的、黄色的、棕色的，有圆圆的、椭圆的、两头尖尖的。

二、观察树叶，制作树叶贴画

1. 教师出示各种形状的树叶，请幼儿观察，并想象一下准备用这些树叶创作什么样的画。

2. 幼儿看树叶联想画面，如哪些树叶像什么，可以摆出什么景物或动物，不合适的可用剪刀修剪。

三、幼儿动手操作，教师巡回指导

四、展示作品

活动4 树叶的秘密

活动目标

1. 能细致观察树叶叶脉的结构特征，初步了解叶脉的作用。
2. 能较清楚地讲述自己观察到的现象，对植物产生兴趣。
3. 初步了解植物和人们的关系，知道爱护环境。

活动准备

树叶人手三片，水彩笔、油画棒、剪刀、记录单人手一份。

活动过程

一、欣赏树叶（幼儿自由观察）

1. 提问：小朋友们，你们看这些树叶漂亮吗？你们认识这些树叶吗？（法国梧桐树叶、杨树叶、柿子树叶……）

2. 提问：请大家仔细看看，树叶的正反两面一样吗？有什么不一样呢？（用展台集体观看）

3. 小结：树叶正面光光的，向着太阳生长，产生光合作用吐出氧气供我们呼吸，背面没有正面光亮。

二、观察叶脉

三、观察法国梧桐树叶的叶脉，探索其结构

教师：我们仔细看看，法国梧桐树叶的叶脉是怎样生长的？

1. 每人拿一片树叶观察。

2. 观察交流。

教师：小朋友看清楚了吗？说一说叶脉是什么样的？

3. 认识主脉和侧脉。

教师：你发现叶脉了吗？有几根非常明显的叶脉？（认识主脉）主脉是从哪里生长出来

的？一直长到什么地方？除了主脉，还有其他的叶脉吗？（认识侧脉）侧脉是怎样生长的？

4. 仔细观察细脉。

教师：除了主脉和侧脉，还有其他叶脉吗？你看到什么了？你发现了叶脉的什么秘密？（引导幼儿顺着叶柄向下看，发现叶脉由粗到细、像许多管子连接在一起、像一张大网等秘密）

四、动手操作

1. 数一数各片树叶的主脉和侧脉数量，填写在表格里。

叶脉数量统计表

树　　叶	主 脉 数 量	侧 脉 数 量
法国梧桐树叶		
杨树叶		
柿子树叶		

2. 讨论叶脉的作用。

提问：叶脉为什么会长得像一张网？为什么会粗细连在一起，一直生长到叶片的各个部分？叶脉有什么用？

小结：植物通过根在泥土里吸收水分和养料，然后传送到身体的各个部分。为了传送养料，植物从根的末端开始，经过茎到叶子的位置，这些管子藏在茎里面，平时是看不见的，但是到了叶子里面就变成更细更小的分叉的管子，它们就是叶脉，我们从外面就能看到。叶脉就像我们身体里的骨头，把叶子支撑起来。

叶脉还像我们人的血管一样，有大血管、小血管、毛细血管。它们给我们提供丰富的营养，让我们长高、长大。

五、知识拓展

1. 提问：除了法国梧桐树叶长有叶脉，其他的树叶也有叶脉吗？

2. 讨论交流：它们有叶脉吗？它们的叶脉是怎样生长的？和法国梧桐树叶的叶脉一样吗？

3. 小结：树叶的形状不同，叶脉生长的形状也会不同，但是它们都会有叶脉，叶脉可以帮助树叶输送养料和水分，还可以起到支撑树叶的作用。

活动 5　落 叶 拼 贴 画

 活动目标

1. 学习用不同形状的树叶进行组合拼图，并能表现出物体的主要形象特征。

2. 学习正确的粘贴方法，发展动手能力。

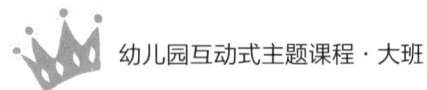
3. 体验创作过程中的乐趣和成功的自豪感。

 活动准备

💾落叶拼贴画

1. 事先引导幼儿认识并和家长收集各种不同形状的树叶，如桃形、卵形、扇形、柳叶形、枣核形、圆形、掌形等。

2. "落叶拼贴画" PPT，胶水、画纸、剪刀、工具筐每组一份。

 活动过程

一、教师为每一组准备若干落叶，引导幼儿尝试借形想象

1. 提问：周末我们大家在公园收集了许多落叶，现在我们来看看这些叶子都是什么形状、什么颜色的？你认为它们分别像什么呢？（幼儿自由讨论）

2. 个别幼儿拿着叶子在展台前回答这片落叶是什么形状、什么颜色的，像什么。

二、幼儿自由拼摆，发现不同的拼摆方法

教师：请你们试着拼摆，看能拼摆出什么图案？

教师将个别幼儿的拼摆作品拍成照片放在展台上，引导幼儿逐一欣赏，帮助幼儿发现制作的方法。（象形法、重叠法、剪贴法）

1. 教师出示第一幅图，引导幼儿感知象形法的运用。

教师：它是怎么制作的？用的什么形状的叶子？

小结：这幅拼贴画是运用了叶子的外形特征来制作的。

2. 教师出示第二幅图，重点引导幼儿感知重叠法的运用。

教师：它是怎么制作的？与上一幅图有什么不同？

小结：这幅拼贴画是一片叶子重叠贴在另一片叶子上，运用的是重叠法。

3. 教师出示第三幅图，重点引导幼儿感知剪贴法的运用。

教师：它是怎么制作的？用到了什么工具？

小结：除了可以借助叶子原来的外形拼贴，还可以运用剪刀来修剪出我们需要的形状和大小，进行拼贴。

三、师生共同欣赏落叶拼贴画，说说这些画用到了什么方法

四、教师引导幼儿总结制作落叶拼贴画的方法与步骤

教师：刚才我们一起发现了许多制作落叶拼贴画的方法，如重叠法、剪贴法、象形法等。小朋友在制作时可以先选自己喜欢的树叶，在纸上拼出图形或者用剪刀剪出你需要的形状，图形拼好后，再将树叶一片片涂上胶水，贴在纸上用手轻轻压一压。

五、幼儿操作，教师巡回指导

1. 幼儿选用合适的树叶大胆作画，表现物体的主要特征。

2. 教师提醒幼儿使用方便胶时应注意保持桌子及衣服的清洁。

六、教师展示幼儿作品，幼儿互相欣赏

教师：现在我们一起来欣赏一下大家的拼贴画吧，看看每个人拼的是什么，把你的发

现告诉你的好朋友哟。

活动延伸

在区域中投放《会跳舞的叶子》音频，幼儿随音乐剧情变换动作，感受落叶飞舞的动作。

活动6 树叶拓印

活动目标

1. 初步掌握拓印的基本方法，探索用树叶粘贴和拓印的奥秘。
2. 能在树叶粘贴和拓印活动中大胆想象和创造。
3. 愿意和同伴分享交流自己的作品，体验成功的喜悦。

活动准备

1. 幼儿已尝试过用树叶拼贴。
2. 操作纸（上面一层薄的白纸，下面一层铅画纸），抹布，牙签（抹白胶），白胶，油画棒人手一份。

活动过程

一、介绍自己制作的树叶拼贴画

二、了解拓印的制作过程

1. 提问：这里有两张纸，有什么不同？

2. 引导幼儿讨论如何拓印。

（1）幼儿自由讨论并讲述。

（2）教师讲述方法：树叶拼贴好后，将薄的白纸盖在上面，用油画棒平着来回压着涂，进行拓印。

（3）小结：这两张纸是用来印树叶的，上面一层薄的白纸，下面一层铅画纸，树叶粘贴在铅画纸上，拓印在薄的白纸上，用薄纸印更加清楚、方便。

三、用各类树叶进行拓印

1. 教师提出操作时的要求：制作时动作要轻轻的、废旧材料入筐等。

2. 幼儿挑选自己喜欢的树叶。

3. 幼儿用树叶进行拼贴和拓印。

制作时教师提醒幼儿：想好了再进行拼贴，粘贴树叶时可以多使用一些白胶，拓印时两只手相互配合，一只手拿油画棒，一只手压着纸等。

四、将完成的作品展示在主题墙面上，幼儿欣赏、评价，并与自己的作品合影留念

活动7　美丽的小树叶

 活动目标

1. 幼儿观察、交流自己捡拾的落叶，在探索中学习6的加法算式。

2. 尝试用记录单记录自己的操作结果。

3. 在游戏中感知加法的规律，体验数学活动的乐趣。

 活动准备

每人6片树叶、一支笔、一张记录单。

 活动过程

一、感受秋天的季节特征，萌发参与游戏的兴趣

二、两两结伴，和好朋友一起捡树叶

1. 教师提出要求：两个好朋友手里的树叶合在一起是6片。

2. 幼儿结伴游戏，并说一说自己手里有几片树叶，好朋友手里有几片树叶，一共有几片树叶。

3. 幼儿用自己的方式将结果记录在记录单上。每操作一次，记录一次。

4. 幼儿反复操作4～5次。

三、展示交流自己的记录单，在教师引导下列出6的加法算式

1. 个别幼儿说一说自己记录的结果，教师与幼儿共同列出相应的加法算式。

2. 幼儿根据自己的记录结果，尝试独立列出6的加法算式。

3. 教师将幼儿的操作结果进行整理、总结。

四、读出6的加法算式并练习书写

活动8　几片叶子落下来

 活动目标

1. 在操作观察中，探索学习6的减法算式。

2. 在游戏中感知减法的意义。

3. 体验在生活中运用数学的乐趣。

活动准备

1. "秋天的树"背景图、1～5数字卡。
2. 铅笔、数学本、瓜子、筐人手一份。

活动过程

一、进行游戏"水果拼盘",复习6的组成

教师:一盘水果有6个,又有苹果又有梨,4个苹果几个梨?

二、萌发幼儿参与活动的兴趣

教师:秋天来了,天气凉了,一片片叶子从树上掉落下来。老师这里也有一棵树,我们一起来看一看。

三、共同操作图片,初步感知和理解6的分解

1. 教师出示第一棵树:树上一共有几片叶子?(6片)一阵风吹来,几片叶子落下来?(1片)树上还剩几片叶子?(5片)

教师记录减法算式6-1=5。

2. 教师出示第二棵树:树上有几片叶子?(6片)风吹落了几片?(2片)树上还剩几片?(4片)

幼儿尝试说出减法算式6-2=4,教师记录。

3. 教师出示第三棵树:树上有几片叶子?(6片)风吹落了几片?(3片)树上还剩几片?(3片)

幼儿尝试说出减法算式6-3=3,教师记录。

4. 教师出示第四棵树:树上有几片叶子?(6片)风吹落了几片?(4片)树上还剩几片?(2片)

幼儿说出减法算式6-4=2,教师记录。

5. 教师出示第五棵树:树上有几片叶子?(6片)风吹落了几片?(5片)树上还剩几片?(1片)

幼儿说出减法算式6-5=1,教师记录。

6. 教师引导幼儿集体读算式。

四、游戏:我的小火车

1. 幼儿拿1～5数字卡中的一张,依据教师出的题目进行游戏。如教师出示题目"6-2=?",手中拿数字4的幼儿出来开成一列小火车。

2. 幼儿相互交换手中的卡片后再次进行游戏。

区 域 设 置

主题二"探秘秋天"区域设置

区域名称	区 域 材 料	具 体 活 动
美工区	彩笔、绘画纸、树叶、颜料、各类种子、白乳胶、卡纸	1. 绘画"秋天" 2. 制作种子贴画 3. 制作树叶粘贴画 4. 进行树叶拓印
科学区	各类种子、南瓜子、记录单	1. 观察、辨认各种种子 2. 自由结合,玩"撒瓜子"的游戏,记录7的组成分解
语言区	绘本《小种子》《落叶跳舞》	阅读绘本《小种子》《落叶跳舞》
表演区	音乐《秋天多么美》、纱巾、彩带等道具	演唱表演《秋天多么美》
主题墙面	1. 活动中画的秋天图画 2. 制作的种子贴画 3. 制作的树叶粘贴画 4. 制作的树叶拓印画	

主题 三

甜蜜的阅读

主题说明

生活里没有书籍，就好像没有阳光；智慧中没有书籍，就好像鸟儿没有翅膀。在"甜蜜的阅读"主题活动中，我们借助中外经典的绘本和故事为幼儿打开一扇窗，让幼儿尽享文学作品的美，并借助"绘本剧"这一形式，充分发挥幼儿的自主性，使其在与同伴的合作中共同表达对文学作品的理解。

主题目标

1. 在整体理解、体验故事的基础上，能大胆表达自己的想法。

2. 通过绘本阅读、主动探索，形成良好的阅读习惯。

3. 积极参与艺术活动，在艺术活动中能与他人相互配合，也能独立表现。

4. 能自编自演故事，尝试运用剪、贴、画等技能表现各种角色形象，为表演选择和搭配简单的服饰、道具或布景，体验自制道具的乐趣。

5. 体验自我创造带来的自信和快乐。

路径一 灰 姑 娘

活动1 灰姑娘的故事

 活动目标

1. 能根据教师的讲述，说出故事主要内容。
2. 能在集体面前用完整的语言大胆表达自己的想法。
3. 有自己的好朋友，在遇到困难时能和同伴协商解决，一起克服。

 活动准备

1. 动画片《灰姑娘》片段。
2. 灰姑娘图片一张。

 活动过程

一、教师出示灰姑娘图片，引起幼儿兴趣

二、教师表情丰富地讲述故事

教师：故事中有谁？讲了什么事情？故事名称是什么？

三、师幼共同欣赏动画片片段，讨论并理解故事情节

1. 片段一：灰姑娘伤心地哭泣。

教师：发生了什么事？灰姑娘为什么哭了？

2. 片段二：灰姑娘坐上马车。

教师：大家是怎样帮助灰姑娘的？南瓜变成什么？老鼠变成什么？老狗变成什么？仙女为灰姑娘变了什么？这时灰姑娘是什么心情？你是从哪里看出来的？（幼儿自由结伴，进行表演）

教师引导幼儿讨论：你的好朋友遇到过困难吗？你帮助过他吗？你是怎么帮助他的？

3. 完整欣赏故事《灰姑娘》。

四、师幼共同讨论，拓展幼儿社会经验

教师：大家为什么都愿意帮助灰姑娘？临走的时候仙女对灰姑娘说了什么？灰姑娘答应了吗？她做到了吗？

五、师幼共同讨论灰姑娘的优点。

1. 提问：灰姑娘是怎样的女孩？你喜欢她吗？为什么？

2. 小结：大家要像灰姑娘一样，善良、勤劳，答应别人的事情要做到，说话算话。

活动延伸

教师与幼儿共同收集与《灰姑娘》有关的图书、图片，陈列在区角，一起交流感兴趣的故事人物、故事情节以及角色对话。

活动2　认 识 整 点

 活动目标

1. 借助《灰姑娘》的故事，认识整点并了解表盘中各数字和指针的意义。

2. 能在表盘中拨出时间，并学习记录时间。

3. 懂得守时的道理。

 活动准备

1. 故事《灰姑娘》PPT。

2. 家长做的表盘（没有秒针）一个，教师示范用的表盘一个，"周末时间安排表"人手一张。

 活动过程

一、谈话引入

教师：还记得《灰姑娘》的故事吗？这个故事中讲到了谁？主要讲了什么事情？

二、观看PPT并讨论

教师：这个故事中有灰姑娘、王子、仙女、后母，还有两个姐姐（出示图片）。你最喜欢谁？为什么？

小结：小朋友们都喜欢灰姑娘，因为她不仅长得美丽，而且勤劳、乐于助人。

三、认识钟表

教师：仙女要求灰姑娘什么时候必须回到家？灰姑娘做到了吗？

教师：灰姑娘做到了，她是一个守时的好姑娘。

1. 幼儿认识表盘上的数字1～12，12在上面，6在下面。

2. 教师讲解表盘上的时针、分针。

3. 幼儿认识整点：分针指向12，时针指向几就是几点整。

四、练习拨表盘

1. 教师报时，幼儿拨表盘。

2. 教师出示7：00，幼儿拨表盘。

3. 教师拨表盘，幼儿记录时间。

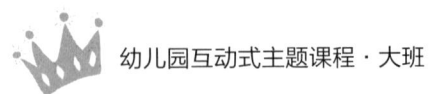

 活动延伸

请幼儿和爸爸妈妈一起商量，共同完成这张"周末时间安排表"。

周末时间安排表

班级：　　　　姓名：

钟 表	时 间	活动内容 （以绘画的形式表示）	是否做到 （√或×）
（钟表 7:00）	7：00		
（钟表 9:00）			
（钟表 12:00）	12：00		
（钟表 11:00）			
（钟表 9:00）	9：00		

活动3 筹 备 舞 会

 活动目标

1. 通过欣赏和讨论，共同确定举办舞会的程序和内容。

2. 初步理解"分工表格"的作用和功能，并尝试在活动中应用。

3. 感受舞会中热闹、欢快的气氛，尝试为表演选择和搭配简单的服饰、道具、布景，对举办舞会充满兴趣。

活动准备

1. 动画片《灰姑娘》中的舞会片段。
2. 设计好的"分工表格"一张，皱纹纸、纱巾、彩带、假花等。
3. 在规定的场地放置彩色卡纸、彩笔。

 活动过程

一、欣赏动画片《灰姑娘》中的舞会片段，进一步了解故事情节

教师：灰姑娘干什么去了？是谁邀请她的？你是从哪里看出来的？（发了请柬）王宫里的人为舞会做了哪些准备？（场地、请柬、音乐、服装……）灰姑娘为了参加舞会做了哪些准备？（服装、首饰）你喜欢舞会吗？为什么？（热闹、愉快）

二、讨论"我们的舞会"相关内容，萌发对举办舞会的兴趣

教师：如果我们班要举办舞会需要准备什么？我们在哪里举办舞会？怎样布置舞会现场让人感觉更热闹？怎么让别人知道我们要开舞会了？（海报宣传、请柬）想请谁来参加？谁来跳舞？在舞会上跳什么样的舞？（集体舞，大家一起跳的舞）跳舞的时候穿什么样的衣服？怎样打扮自己？

三、讨论分工

教师：这么多准备工作中什么事是每个人都要做的？（服饰、自己的头饰及小装饰）

教师：什么事是可以分工的？（布置场地、设计海报与请柬）

教师：大家商量一下，可以怎么进行分工呢？

四、根据讨论情况在表格中进行记录

五、根据分工布置会场、设计海报与请柬、制作头饰等

 活动延伸

继续讨论、理解分工表格并进行完善，适当调整表格的具体内容。

 **附表格**

分 工 表 格

工 作 内 容	姓 名
制作海报	
制作请柬	
布置场地	

活动4 午夜的舞会

活动目标

1. 熟悉音乐旋律，并通过舞步表现出4拍子的节奏。
2. 初步学习听辨4拍延长音，学会曲线走以及交换舞伴。
3. 在集体舞中感受交往的快乐。

活动准备

1. 两名幼儿根据故事内容提前学会表演。
2. 音乐《宾果》《钟声》《邮递马车》。
3. 头饰：男孩每人一个王子的皇冠、女孩每人一个公主的头纱。

活动过程

一、故事导入

教师：《灰姑娘》故事中，王子为了找到一位美丽的公主，举办了舞会，他们跳的是什么舞呢？听，舞会的音乐响起来了。

二、根据音乐编排集体舞

1. 幼儿带着问题欣赏音乐（第一段），教师随音乐向幼儿介绍舞蹈内容。

教师：王子拉着公主的手，大家一起围成大圆圈，互相交换舞伴握手。

2. 幼儿听音乐，欣赏集体舞（第四段）。

教师：小朋友们，你们能从音乐中听出他们是怎样跳舞的吗？今天，我把舞会中的王子与公主请到了我们班，他们要为小朋友表演，让我们一起来看看他们是怎样跳的吧！（幼儿示范集体舞）

3. 幼儿分段学习动作，重点学习曲线走及交换舞伴。

教师：王子和公主跳的是宫廷舞。现在，请帅气的王子戴上皇冠找到自己美丽的公主并为她戴上头纱，一起到前面来随着音乐跳舞吧。

（1）幼儿在教师的引导下，站成双圈。

（2）幼儿在教师的提醒下，听着第一段音乐手拉手面向圆圈，双圈行进走。

（3）第二段由双圈变成单圈，手拉手在圈上侧身跳，侧身跳时注意保持圆圈的大小。

（4）第三段幼儿看教师示范、讲解顺时针曲线走及交换舞伴，了解交换舞伴的方法。先在圆圈上分组练习（王子不动，公主练习曲线走；公主不动，王子练习曲线走）；然后再集体练习（不听音乐，听教师用语言提示）。

（5）幼儿跟音乐练习，边听音乐边做交换舞伴的动作。

4. 幼儿听音乐完整地表演集体舞。

教师：王子和公主这么快就学会了，请你们连起来完整地表演一遍，好吗？

（1）（两段）在教师的语言提示下，幼儿边听音乐边完整地表演集体舞，逐步熟悉动作的顺序及交替规律。

（2）（四段）幼儿倾听音乐，独立完成集体舞的表演。

三、结束活动

（音乐《钟声》）教师：十二点的钟声敲响了，王子和公主要驾着自己的小马车回城堡去了。

 活动延伸

表演给小班弟弟妹妹看。

路径二　老鼠娶亲

活动1　老鼠娶亲（一）

 活动目标

1. 倾听故事，初步理解故事内容。
2. 自信地表达自己的长处，真诚地欣赏同伴的优点，愿意取长补短、相互学习。
3. 在故事和游戏中感受民间文学作品的趣味性。

 活动准备

1. 唢呐音乐《过新年喜洋洋》，故事《老鼠娶亲》PPT。
2. 自制绣球一个。

老鼠娶亲（一）

 活动过程

一、谈话导入

1. 幼儿欣赏唢呐音乐《过新年喜洋洋》。

教师：听了这首音乐，你的感受怎么样？（幼儿自由回答）

教师：小朋友听到都觉得很开心、很愉悦，那么，发生了什么事呢？

2. 教师出示PPT中的花轿，引导幼儿了解花轿的用途。

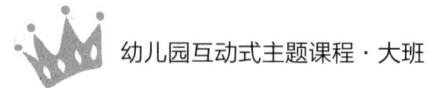
幼儿自由想象：花轿是做什么用的？

教师：这是结婚用的花轿，是新娘坐的。

3. 幼儿观察PPT中的新娘美叮当。

教师：小老鼠美叮当坐上花轿想当新娘，你猜她会找谁做自己的新郎？（她想找世界上最强的人做自己的新郎）

二、欣赏、理解故事

1. 幼儿观察PPT，理解故事。

2. 讨论：你认为谁是最强的新郎？

3. 幼儿分析自己与同伴的优缺点。

（1）教师鼓励幼儿自信地说出自己的优点，让所有人都知道。

（2）幼儿寻找好朋友的优点。

教师：你的好朋友是谁？他们的优点是什么？（引导幼儿关注自己的同伴，并认真倾听他人发言）

（3）幼儿发现自己身上的不足，学习同伴身上的优点。

三、游戏：抬花轿

1. 幼儿倾听故事结尾。

教师：美叮当最后嫁给了老鼠阿郎，老鼠配老鼠是最合适的。

2. 玩游戏。

教师念童谣，幼儿分组原地走步，教师有意将绣球抛给步伐协调的组。

 活动延伸

在表演区可继续表演"抬花轿"。

 **附童谣**

老 鼠 娶 亲

老鼠女儿美叮当，

想找女婿比猫强，

太阳最强嫁太阳，

太阳不行嫁给云，

云不行，嫁给风，

风不行，嫁给墙，墙不行……

想一想，还是嫁给老鼠郎。

活动2　老鼠娶亲（二）

活动目标

1. 进一步了解"老鼠娶亲"的内容，产生对民间童谣的兴趣。

2. 观察老鼠动态的绘画方法和步骤，探索如何通过画面的合理布局来表现"送新娘"的热闹场面。

3. 能大胆表达自己的想法，体验民间艺术有趣之处。

活动准备

1. 幼儿已熟悉民间童谣《老鼠娶亲》。

2. 与老鼠相关的物品图片，如纪念币、储蓄罐、玩具、邮票、书本等；《老鼠娶亲》蜡染画布；《老鼠娶亲》剪纸；《老鼠娶亲》绘本、粉红色纸、红色水笔、蜡笔、剪刀人手一份。

活动过程

一、谈话导入

1. 教师出示一枚鼠年纪念币，引起幼儿关于老鼠的讨论。

教师：你们平时在哪些地方见过老鼠？

2. 幼儿讨论，教师出示相关物品，如老鼠储蓄罐、鼠年台历、鼠年邮票、有关老鼠的图画书等。

3. 幼儿欣赏绘本《老鼠娶亲》里的画面，一起说故事中的民间童谣。

二、欣赏蜡染画布，讨论绘画步骤

1. 幼儿观赏画布并讨论：老鼠怎样办喜事？（谈论民间婚嫁的习俗）

教师：送新娘的时候大家都在忙什么？（抬花轿、敲锣打鼓、吹喇叭、搬嫁妆等）

教师：排在最后的小老鼠拉着妈妈的手，也要参加送新娘的队伍，妈妈说，好啊，让我们来准备礼物吧。

2. 幼儿观察老鼠拿的礼物。

教师：画老鼠拿礼物的时候，应该先画什么，再画什么？

三、绘画表现

1. 幼儿按自己的意愿画出拿着礼物的老鼠，涂色后剪下。

2. 幼儿将剪下的老鼠排列成送新娘的队伍。

教师：送新娘的队伍太长了，还有一些老鼠排不下，怎么办？（横排、直排、斜排、弯弯曲曲排……）哪种方法可以让更多老鼠参加送新娘的队伍？

四、分享交流

1. 提问：敲锣打鼓真热闹，大小老鼠都来送新娘，嫁女的队伍长又长，我们一起来数一数，有多少老鼠参加了送新娘的队伍？

2. 继续讨论：还有没有方法可以让更多的老鼠排到队伍中？

活动延伸

提供红绸带、锣鼓、喇叭、两根纸棍和红手帕，鼓励幼儿继续玩"老鼠娶亲"的游戏。

活动3　老鼠娶亲（三）

活动目标

1. 掌握弹簧步的动作要领，尝试随音乐节奏做出相应动作。

2. 了解游戏规则，根据不同角色进行游戏。

3. 在游戏中体验民间风俗的趣味性。

活动准备

1. 音乐《大花轿》。

2. 绣球、纱巾、彩带（用于装扮新娘）各一。

活动过程

一、回顾故事，产生玩音乐游戏"老鼠娶亲"的兴趣

二、学习弹簧步的要领

幼儿听音乐，随教师一起模仿抬轿的故事情景，自然地学习弹簧步。

三、音乐游戏：老鼠娶亲

1. 扮演新郎的幼儿找一位好朋友当新娘，并进行装扮。

2. 教师介绍游戏玩法。

（1）第一遍、第二遍音乐：新郎随音乐出发，重复两遍音乐后邀请轿夫，在邀请时根据音乐节奏邀请轿夫，每次请两位。

（2）第三遍音乐：听音乐搭轿子——在音乐结束前要搭好轿子。新郎一人在轿子前，轿夫两前两后站立，左右拉好绳子。后两位轿夫相互搭手臂，前两位轿夫将手搭在新郎的肩上，把轿子围起来。

（3）第四遍音乐：抬花轿接新娘——五人共同前进。

（4）新娘听到锣鼓声上花轿。

（5）新郎新娘到新房：六人共同前进。

（6）新娘抛绣球：听到鼓声转圈，在最后一拍将绣球抛出。接到绣球者扮演下一次游戏的新娘（或新郎），邀请一位新郎（或新娘）继续游戏。

四、多次进行游戏后，活动自然结束

路径三　鸭子骑车记

活动1　欣赏绘本《鸭子骑车记》

活动目标

1. 理解以鸭子骑车顺序为线索的故事内容，学习量词"匹""头""只"等。

2. 能够根据绘本中动物们对鸭子骑车的反应，理解这些动物对鸭子骑车这件事的态度。

3. 感受鸭子在面对各种动物时，所表现出的积极、乐观、大胆、勇敢的精神。

活动准备

1. 绘本《鸭子骑车记》PPT、舒缓优美的背景音乐。

2. 绘本《鸭子骑车记》人手一本。

活动过程

一、谈话导入

（出示PPT"鸭子看自行车"页）教师：你们骑过车吗？感觉是什么样的？好玩吗？你们能想象一只鸭子骑车吗？如果鸭子骑车会发生什么事呢？

二、自主阅读绘本《鸭子骑车记》

三、观看PPT，理解绘本

1. 讨论鸭子第一次骑车的感觉，学习词语"左摇右晃"，用动作表示。

小结：尽管鸭子连车座都够不到，可它很快乐、很兴奋，它想让所有人都知道它的快乐，分享它的快乐。

2. 了解动物们对鸭子骑车这件事的态度。

提问：哪些动物看到鸭子骑车了？它们心里会怎样想？

幼儿说到某个动物时，教师播放相应的PPT，引导幼儿通过观察动物的表情来分析动物的性格特点。

3. 教师展示鸭子骑车向小动物们打招呼的PPT，讲解骑车部分。

4. 教师继续展示PPT，幼儿观察回答。

教师：小动物们看到屋外停放的许多自行车后有什么反应？表情怎么样？

教师：你喜欢哪个小动物？假如你是这个小动物，你看到这些自行车，心里会想些什么？请你来学学吧！

教师：小朋友们找一找，和旁边的小伙伴说一说它们是怎样骑车的。

5. 教师带领幼儿完整阅读绘本。

教师：鸭子刚开始骑车怎么样？后来骑车有什么变化？咱们一起再读一遍绘本。

6. 幼儿自主阅读绘本。

教师：小动物们一开始都嘲笑鸭子，鸭子放弃了吗？你喜欢这只鸭子吗？为什么？请小朋友们在绘本中寻找答案吧。

小结：这是一只勇敢、坚持到底、不怕困难的鸭子。

四、迎接鸭子的下一个疯狂主意

教师：（出示最后一幅图）鸭子正对着一辆拖拉机出神，它在想什么呢？（鸭子在想："我打赌我会开拖拉机……"）

教师：你们觉得鸭子还会有什么其他疯狂的主意呢？（去骑电瓶车、开汽车、开飞机……）和你的好朋友说一说吧。

绘本剧《鸭子骑车记》排练流程

时　间	排　练　内　容
第一天	阅读绘本《鸭子骑车记》
第二天	1. 模仿和学习鸭子、牛的动作及语言，并跟音乐排练鸭子、牛的动作 2. 给鸭子、牛做头饰
第三天	1. 模仿鸭子、绵羊、狗的动作及语言，并跟音乐排练鸭子、绵羊、狗的动作 2. 给绵羊、狗做头饰
第四天	1. 模仿鸭子、猫、马的动作及语言，并跟音乐排练鸭子、猫、马的动作 2. 给猫、马做头饰
第五天	1. 模仿鸭子、母鸡、山羊的动作及语言，并跟音乐排练鸭子、母鸡、山羊的动作 2. 给母鸡、山羊做头饰
第六天	1. 模仿鸭子、猪、老鼠的动作及语言，并跟音乐排练鸭子、猪、老鼠的动作 2. 给猪、老鼠做头饰
第七天、第八天	1. 幼儿先自选角色，然后竞选角色 2. 尝试完整表演
第九天	彩排（认识熟悉场地）
第十天	正式演出

活动2　排练绘本剧《鸭子骑车记》

活动目标

1. 自编自演故事，并为表演选择、搭配简单的服饰、道具及布景。
2. 积极参与艺术活动，能独立表现并与他人相互配合。
3. 体验与同伴合作演出绘本剧的快乐。

活动准备

1. 幼儿制作好的头饰、道具、布景。
2. 故事《鸭子骑车记》PPT、与故事角色匹配的音乐。

活动过程

一、萌发表演绘本剧的兴趣

教师：昨天我们一起制作了《鸭子骑车记》的演出道具，今天我们一起来设计动作进行表演吧！

二、回忆《鸭子骑车记》故事内容，分析故事中的角色

教师：你们还记得《鸭子骑车记》的故事讲了什么吗？故事里有哪些角色？它们都说了些什么？是什么表情？

三、探讨每个角色能用什么动作来表现

四、设计表演动作

五、根据自己的意愿选择角色和相应道具

六、跟随音乐进行合作表演

七、小结

活动延伸

继续练习角色对话和动作，进行完整表演。

活动3　表演绘本剧《鸭子骑车记》

活动目标

1. 在表演活动中能正确使用道具和布景。

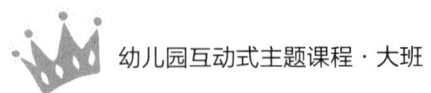
2. 能依据表演场景使用恰当的语言。

3. 乐于参与绘本剧表演，体验活动的趣味性。

 活动准备

1. 幼儿制作好的头饰、道具、布景。

2. 关于小动物的音乐。

 活动过程

一、欣赏道具，萌发表演兴趣

教师：我们已经为绘本剧《鸭子骑车记》制作好了道具，一起来表演吧！

二、选择角色

师幼共同布置场景，幼儿佩戴头饰、道具。

三、好剧开场

 活动延伸

为中班弟弟妹妹表演绘本剧。

活动4　鸭子的自行车

 活动目标

1. 感知分解与组成的意义，理解整体与部分的关系。

2. 在实际操作中进行7以内实物的分解与组成。

3. 主动参与小组记录活动，体验其中的乐趣。

 活动准备

自行车图片每组7张，记录单、铅笔人手一份。

 活动过程

一、进行碰球游戏，复习6以内的分解与组成

教师：小朋友我问你，我的1球碰几球？（碰5球）我的2球碰几球？（碰4球）我的3球碰几球？（碰3球）我的4球碰几球？（碰2球）我的5球碰几球？（碰1球）

二、探索操作并记录结果

教师：还记得鸭子骑车的故事吗？小动物们见到鸭子骑自行车都感到很新鲜，也想试一试。小动物们从学校里借来几辆自行车？我们一起来数一数，一共有几辆。

教师：把7辆自行车摆成2排可以怎样摆？请你们试一试。

1. 小组合作，每个小组有7辆自行车，每个幼儿探索操作，并将每次的操作结果记录下来。

2. 每组请一名幼儿上前讲述操作结果。

3. 教师进行小结。

三、理解分解式的意义

1. 理解总数与部分数关系。

2. 理解递增递减规律。

3. 认读7的分合式。

四、游戏：马兰花

教师：马兰花，马兰花，风吹雨打都不怕，请你马上就开花，开了几朵花？

1. 幼儿自由结合，7人抱在一起，观察每组几个男孩儿几个女孩儿。

例如：3个男孩儿，4个女孩儿（7可以分成3和4，3和4合起来是7）。

2. 反复进行游戏。

五、收放材料，自然下课

 活动延伸

书写7的组成分解式。

路径四 小 黑 鱼

活动1 绘本《小黑鱼》

 活动目标

1. 有兴趣倾听儿童文学故事，了解跌宕起伏的故事情节。

2. 根据绘本画面大胆想象，清晰表达自己的想法。

3. 体会小黑鱼在不同情境下的心情，感受绘本中表达的勇敢、智慧、团结的精神。

 活动准备

1. 舒缓的背景音乐，绘本《小黑鱼》PPT。

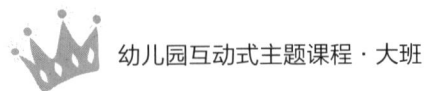
2. 绘本《小黑鱼》人手一册。

一、伴随音乐，谈话导入

教师：如果你是一条小鱼，生活在湛蓝的大海里，会看到什么？（幼儿利用已有经验进行回答）

教师：大海真是一个奇妙的世界！今天，我们就去看一个发生在大海里的故事吧。

二、自由阅读绘本《小黑鱼》

教师与幼儿一起安静阅读。

三、观看绘本PPT，分段理解故事内容

1. 小黑鱼的痛苦——小黑鱼的兄弟姐妹被大金枪鱼吞进了肚里。

教师：小黑鱼和谁生活在一起？这一天发生了一件什么悲惨的事情？

教师：小黑鱼的兄弟姐妹怎么样了？小黑鱼又是怎样逃走的呢？

教师：小黑鱼为什么感到害怕又孤独？（理解"孤独"的意思）害怕的是什么？怎么会感到孤独呢？

教师：你们有没有感到过孤独呢？

2. 小黑鱼的惊奇——小黑鱼在海洋中的各种发现。

教师：小黑鱼在海洋里遇到了谁，使它又高兴了起来？

幼儿观察各种海洋生物的形状、颜色。

3. 小黑鱼的好办法。

教师：小黑鱼看到和它一样的小鱼躲在石头后，会说什么？

教师：遇见大鱼，有逃避和躲藏的好办法吗？该怎么办？

幼儿从画面上证实小黑鱼想的好办法：许多小鱼合成一条大鱼。

4. 小黑鱼的胜利。

（1）想象：小黑鱼和它的兄弟姐妹再次遇到大金枪鱼会怎样？

（2）观看故事结尾，体会成功的快乐。

四、完整理解绘本故事《小黑鱼》

五、体会合作的力量，升华情感

提问：小朋友们，你们喜欢《小黑鱼》的故事吗？你们喜欢小黑鱼吗？为什么喜欢？你们认为小红鱼有可爱的地方吗？（引导幼儿说出，小红鱼和小黑鱼配合得很好，很默契）

小结：小黑鱼很聪明，当它遇到困难的时候，就动脑筋想办法解决问题。最终靠大家团结合作的力量，把金枪鱼吓跑了。这也告诉我们，不管遇到什么困难，朋友之间都要相互帮忙，相互鼓励。

六、情境表演

一名幼儿扮演小黑鱼，其他幼儿扮演小红鱼，教师扮演金枪鱼。当小鱼们再次碰到凶猛的金枪鱼时，紧紧地团结在一起，变成海里最大的鱼，吓跑金枪鱼。突出故事主题："虽然我们很小，但团结起来力量就很大!"

活动延伸

制作拓印画《小黑鱼》，三人结伴，尝试合作用印章拓印出一条大鱼。

活动2　小黑鱼和它的朋友

活动目标

1. 通过实际操作学习7的加法，并用算式进行记录，巩固对加法含义的理解。
2. 积极探索，乐于讲述探索结果。
3. 能与同伴友好合作，体验游戏的乐趣。

活动准备

1. 小黑鱼、小红鱼图片每组一套。
2. 记录纸、铅笔人手一份。

活动过程

一、复习7的分解与组成（水果拼盘）

水果拼盘我爱吃，1个苹果几个梨?（6个）

水果拼盘我爱吃，2个橙子几个草莓?（5个）

水果拼盘我爱吃，3个香蕉几个葡萄?（4个）

水果拼盘我爱吃，4个荔枝几个樱桃?（3个）

水果拼盘我爱吃，5个柚子几个甘蔗?（2个）

水果拼盘我爱吃，6个哈密瓜几个橘子?（1个）

二、探索7的加法算式

1. 教师导入课题，引发幼儿参与活动的兴趣。

教师：孩子们，你们喜欢小黑鱼的故事吗?故事里都有哪些角色?小黑鱼非常勇敢，它有很多朋友。看，它的朋友来了，今天我们要用7条鱼组成一条大鱼，帮助小黑鱼逃脱危险。

2. 教师讲解操作要求。

教师（出示教具）：来了几条小黑鱼?（1条）它应该找几条小红鱼组成一条大鱼逃脱危险?（6条）1条小黑鱼找到6条小红鱼组成了大鱼（引导幼儿列加法算式：1+6=7）。

教师：2条小黑鱼怎么找朋友呢?请你们小组合作，一起找一找，用加法算式记录

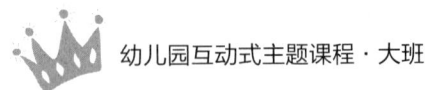
下来。

3. 幼儿自由探索操作并记录。

4. 每组幼儿选代表讲述操作过程与结果。

三、发现、总结交换规律

四、认读加法算式

 活动延伸

运用交换规律，书写7的加法算式。

活动3　我们爱表演

 活动目标

1. 尝试运用剪、贴、画等技能表现各种水中生物的形象，并自制道具。

2. 积极参与艺术活动，能与同伴分工合作，遇到困难一起克服。

3. 体验自制道具的乐趣。

 活动准备

1. 纸类：彩色卡纸、彩色即时贴、皱纹纸、废旧纸箱。

2. 工具类：大的黑塑料袋、纱巾、一次性桌布、订书机、双面胶、透明胶、剪刀、水彩笔。

 活动过程

一、萌发表演《小黑鱼》的兴趣

教师：你们想表演这个故事吗？如果表演这个故事需要准备些什么？需要用到哪些材料？

二、欣赏收集来的材料，萌发制作道具的兴趣

教师：表演这个故事需要制作哪些道具？你想制作什么角色的道具？想用什么材料来做？

三、讨论制作道具的相关内容，并确定分工

四、自由选择制作区，分组制作

五、教师巡回指导

1. 启发幼儿用折、剪、画等方法，探索对称部位的制作方法。

2. 提醒幼儿节约、爱护装饰材料，鼓励能力较弱的幼儿寻求教师或同伴的帮助。

六、分享制作的成果，体会制作道具的不易，懂得爱护道具

 活动延伸

在美工区中继续设计、制作演出道具，进一步熟悉故事内容，为表演做准备。

活动4 绘本剧《小黑鱼》

 活动目标

1. 能依据故事中的不同场景，使用正确的语言、恰当的表情进行表演。
2. 自编自演故事，并为表演选择和搭配简单的服饰、道具或布景。
3. 体验与同伴合作演出绘本剧的快乐。

 活动准备

1. 事先制作好的服装、道具、布景。
2. 舒缓的背景音乐。

 活动过程

一、主题导入，萌发表演绘本剧的兴趣

教师：昨天我们一起制作了《小黑鱼》的演出道具，今天我们一起来设计动作表演吧！

二、回忆《小黑鱼》的故事内容，分析故事中的角色

教师：你们还记得《小黑鱼》的故事讲的什么事情吗？故事里都有哪些角色？它们都说些什么？

三、探讨每个角色能用什么动作来表现

四、设计表演的动作

五、根据自己意愿选择角色和相应道具

六、跟随音乐，合作表演绘本剧

七、教师进行小结，肯定幼儿在表演活动中的突出表现

 活动延伸

在区角活动中继续完善动作。

活动5 神奇的拓印画

 活动目标

1. 掌握拓印的基本方法，探索拓印的奥秘。
2. 能够按自己的想法，运用多种材料进行拓印。
3. 愿意和同伴交流自己喜爱的艺术作品，分享美的感受。

 活动准备

1. 每组一张大的绘画纸，水彩笔若干。
2. 操作工具，如雪花片、橡皮泥等。
3. 颜料、油画棒每组一份。

 活动过程

一、欣赏讨论，萌发兴趣

教师出示绘本上的画面，引导幼儿观察画面，思考这幅画是用什么方法创作出来的。

二、探索拓印画的制作方法

三、选择材料进行操作

四、交流自己选的材料能否拓印

教师：你的画拓印好了吗？看看你旁边的小朋友有没有印出来？为什么？

五、继续尝试操作，掌握拓印的方法及材料

教师：只有表面凹凸不平的物品才能拓印；选取较薄的纸可以拓印，过厚的纸不易拓印；在拓印时要把上下两张纸固定好。

六、自选工具，创作有情节的拓印画

七、展示作品，教师讲评

每名幼儿将自己的作品放在展示区进行展示，一起分享拓印画带来的快乐。

 活动延伸

将小组作品布置成主题墙，继续在美工区进行拓印活动。

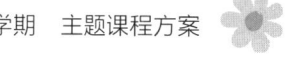

区 域 设 置

主题三"甜蜜的阅读"区域设置

区域名称	区 域 材 料	具 体 活 动
语言区	1. 图书《灰姑娘》、绘本《老鼠娶亲》《鸭子骑车记》《小黑鱼》 2. 幼儿制作的《老鼠娶亲》小图片	1. 阅读图书《灰姑娘》、绘本《老鼠娶亲》《鸭子骑车记》《小黑鱼》 2. 模仿练习角色对话 3. 将"老鼠娶亲"活动中的诗歌和图片制作成小卡片进行匹配、讲述
美工区	彩笔、绘画纸、胶棒、皱纹纸、卡纸等制作材料	1. 继续设计、制作集体舞《午夜的舞会》头饰、胸饰等 2. 继续设计、制作《鸭子骑车记》演出头饰、道具 3. 制作《小黑鱼》拓印画
表演区	1. 红绸带、锣鼓和喇叭，两根纸棍和红手帕，音乐 2.《鸭子骑车记》头饰、道具，音乐	1. 练习集体舞《午夜的舞会》，玩音乐游戏"老鼠娶亲" 2. 分组练习绘本剧《鸭子骑车记》
主题墙面	1. 教师与幼儿共同收集与《灰姑娘》有关的图片，供幼儿自由欣赏 2. 完善筹备舞会分工表格，适当调整表格的具体内容，进行展示 3. 将幼儿从阅读绘本、设计道具到表演的过程，拍成照片展示出来 4. 将小组创作的拓印画布置成主题墙进行展示	

主题四

冬天我知道

主题说明

　　随着天气变冷，幼儿对冬天的到来有了初步感知，对他们来说，寒冷的冬天太奇妙了，他们总想揭开冬天的面纱，渴望探索更多关于冬天的知识。例如，他们会问："为什么树叶会在冬天落下来？""为什么冬天会很冷？""为什么冬天会下雪？""门窗上为什么有冰花？"还有的幼儿说："冬天冷水会结冰，我们可以滑冰玩；冬天下雪，我们可以堆雪人；冬天冷，就不会有蚊子，不会被蚊子咬了……"结合幼儿对冬天所产生的好奇心和已了解的知识内容，我们开展了主题活动——冬天我知道，借此让幼儿对冬天有更全面的认识，揭开冬天的秘密。

主题目标

　　1. 感受冬季的自然特征，了解动物、人类不同的过冬方式。
　　2. 了解冰、雪可以融化成水的自然现象，产生好奇心和探究的欲望。
　　3. 知道冬天里要坚持锻炼，并树立防寒的意识。

路径一　冬　　天

活动1　小动物怎样过冬（一）

 活动目标

1. 了解几种常见动物的过冬方式。
2. 知道动物习性与生存环境之间的关系。
3. 萌发爱护小动物及环境的意识与情感。

 活动准备

1. "小动物过冬方式调查表"人手一张。
2. "小动物过冬方式归类总结表"一张。

 活动过程

🅿 小动物过冬

一、交流调查表

1. 提问：小朋友们，你们知道小动物怎么过冬吗？
2. 幼儿拿出调查表，互相交流自己的调查和发现。
3. 个别幼儿大胆发言，讲述自己的调查结果。
4. 师幼共同将调查结果归类、展示。

二、倾听故事《小动物过冬》

1. 教师讲述故事，并提问：故事中小动物的过冬方式和我们发现的一样吗？
2. 师幼一起边回忆故事，边对幼儿调查表中的归类情况进行验证。若发现故事中没有归类表上的方式，则进行补充。
3. 根据图表再次梳理总结。

冬眠：蛇、青蛙、乌龟等。

迁移过冬：大雁、燕子等。

换毛过冬：兔子、鹿、狐狸、麻雀、乌鸦等。

储存食物过冬：松鼠、蜜蜂、蚂蚁等。

让卵过冬：螳螂、蝗虫等。

三、讨论：冬天来了，准备怎样过冬

1. 冬天要穿上棉衣、棉鞋，戴上帽子。
2. 冬天要坚持锻炼。

附调查表

小动物过冬方式归类总结表

动物过冬方式	动物名称

小动物过冬方式调查表

姓名：　　　　班级：

动物过冬方式（爸爸妈妈记录）	动物名称（幼儿绘画）

附故事

小动物过冬

秋天到了，白杨树的叶子快落光了，地上的草也枯黄了，森林里静悄悄的。一只小松鼠在森林里走来走去，一阵风吹来，它感到有点冷。忽然它看到一只小蚂蚁，小松鼠说："小蚂蚁，森林里的好朋友都跑到哪里去了？"小蚂蚁说："大雁、燕子都迁移到南方了，明年春天才回来呢。"这时一只小青蛙听见了，从池塘里跳上岸说："小蚂蚁，小松鼠，我正想你们呢，跟你们告别，我要去睡觉了。"小蚂蚁看看天，哈哈大笑说："太阳还高高挂在天上，你怎么要去睡觉呢？"青蛙说："我要冬眠了，整个冬天，我都睡在洞里，不吃也不动，到了明年春天再出来，要冬眠的动物还有蛇、乌龟、熊、刺猬，它们都是这样过冬的。"青蛙一边说一边刨好了一个大洞。青蛙又说："冬天住在洞里，既不怕风，也不怕雪，暖暖和和的，多好啊！"

小松鼠和小蚂蚁想："我也要准备过冬的粮食。"蚂蚁找到一只虫子，就往家里拉。小松鼠找来许多蘑菇和松子，走着走着，它们遇到了狮子，小松鼠好奇地问："狮子大王，你不准备过冬吗？"狮子哈哈大笑说："你看我身上新换的毛，又浓又密，这个冬天我就不怕冷了。"

北风呼呼地刮着，森林里的小动物们都找到了过冬的好方法，森林里更安静了，大家都在期待着明年春天快点到来。

活动2 小动物怎样过冬（二）

 活动目标

1. 能记住歌曲名称，理解歌曲内容，初步跟唱歌曲。
2. 通过歌唱学习，了解小动物不同的过冬方式。
3. 能用基本准确的节奏和音调演唱歌曲，喜欢歌唱这种艺术形式。

 活动准备

1. 音乐《小动物怎样过冬》。
2. 小羊、小兔、小燕子、小青蛙图片各一张。

 活动过程

一、谈话导入

教师：小朋友，你知道现在是什么季节吗？（冬天）天气有什么变化？（变冷了）变冷了我们怎么办？（穿厚棉衣……）你知道小动物是怎样过冬的吗？

二、学习歌曲《小动物怎样过冬》

1. 教师有感情地清唱歌曲。

教师：老师这里有一首关于小动物过冬的歌曲，大家想不想听一听？

教师：你都听到了什么？歌曲的名字是什么？（粗略的歌词）小动物都是怎样过冬的呢？

2. 教师再次完整演唱。

教师：小动物都是怎样过冬的？

幼儿边说教师边出示动物图片，帮助幼儿理解歌词。

3. 幼儿学唱歌曲。

（1）教师指图片，幼儿跟说歌词。

（2）幼儿完整跟唱歌曲。

（3）幼儿用分组等形式学唱歌曲。

活动延伸

用自然、好听的声音演唱歌曲，并根据歌曲的内容进行即兴表演。

活动3 冬天的服饰

 活动目标

1. 在操作观察中探索学习7的减法。
2. 根据游戏中事情的发展顺序和相关数量讲述图意，并尝试提出减法应用题的问题。
3. 在游戏中感知减法意义，体验在生活中运用数学的乐趣。

 活动准备

1. "柜子图片"每组一张，数学本、铅笔人手一份。
2. 帽子、围巾、棉衣、棉裤、棉鞋、手套图片各7张。

 活动过程

一、进行游戏"水果拼盘"，复习7的组成

教师：又有苹果又有梨，1个苹果几个梨？（6个梨）

又有苹果又有梨，2个苹果几个梨？（5个梨）

又有苹果又有梨，3个苹果几个梨？（4个梨）

......

二、话题导入，萌发参与活动的兴趣

教师：冬天来了，天气有什么变化？（越来越冷）

教师：我们需要准备哪些东西来保暖呢？（手套、棉衣、棉裤、围巾......）

三、自由操作图片，初步感知、理解7的减法

1. 教师出示图片，幼儿分类摆放。

教师：超市里新进了很多过冬物品，我们一起帮助营业员整理货架吧。

幼儿小组合作，将超市物品图片进行分类，摆放在货架上。

2. 幼儿玩"买卖游戏"，并用算式记录。

幼儿从模拟商店里购买一样物品，并将总钱数和购买物品的钱数，用减法算式的形式表示出来。

四、分享记录结果，根据游戏中事情发展的顺序和相关数量，提出减法应用题的问题

1. 个别幼儿用完整的一句话表述自己购买的过程，并提出一个问题。

2. 幼儿列出相应减法算式。

3. 幼儿用应用题的形式和同伴分享自己购买的过程。

五、分类收放物品，活动自由结束

活动4　冬　　天

 活动目标

1. 理解诗歌内容，感受冬天美的意境。
2. 理解词语"严寒""挺立""碧绿""健壮"的意思。
3. 感受散文诗的节奏和韵律，产生对文学作品的喜爱。

 活动准备

散文诗《冬天》PPT。

 活动过程

一、谈话导入

教师：小朋友们，你们知道现在是什么季节吗？

教师：你们怎么知道冬天来了？

二、初步感受诗歌内容

教师有感情地朗诵散文诗《冬天》（教师通过表情、动作和抑扬顿挫的声音表达散文诗中的情绪情感）。

教师：冬天到底是什么样子的呢？你们都听到了什么？

三、欣赏PPT，分段理解散文诗内容

1. 提问：冬天的景色是什么样的？北风是怎样吹的？（北风呼呼地吹）雪花是怎样飘的？（雪花纷纷地飘）大地变成了什么样子？像什么？（好似穿上银色的衣裳）

2. 提问：寒冷的冬天小动物和植物是怎么样的？诗歌里是怎么说的？（幼儿重点理解词语：严寒、挺立、碧绿、健壮，并用肢体进行表现）

3. 提问：孩子们在寒冷的冬天里都干了什么？诗歌里是怎么说的？（幼儿理解诗歌的内容和意境，感受散文诗的韵律美）

四、跟随教师完整朗诵诗歌，进一步感受散文诗的优美

1. 师幼在音乐伴奏下边做动作边朗诵诗歌（2～3遍）。
2. 师幼在背景音乐伴奏下完整地朗诵诗歌（强调语气、韵律、动作）。

 **活动延伸**

画出小朋友冬季取暖活动的动态，能用适当的色彩合理安排画面。

附散文诗

冬　天

北风呼呼地吹，雪花纷纷地飘，大地一片白茫茫，好似穿上银色的衣裳。

虫儿惧怕冬天的严寒，躲在洞里睡觉，只有勇敢的老松树，还是那样碧绿健壮。蜡梅花挺立在风雪中，散发出阵阵芳香。

快乐的孩子们，不怕寒风吹，不怕雪花飘。滚雪球，雪球越滚越大；打雪仗，打来打去真热闹；堆雪人，乌溜溜的眼睛鼻子翘，仿佛对孩子们说："来吧，来吧，冬天锻炼身体好。"

路径二　雪　　花

活动1　几片雪花落下来

 活动目标

1. 在操作观察中探索学习8的加法。
2. 根据游戏中事情发展的顺序和相关数量，讲述图意，并尝试提出加法应用题的问题。
3. 在游戏中感知加法意义，体验在生活中运用数学的乐趣。

 活动准备

1. 每组一幅情景图（一棵树、一座房子）。
2. 剪好的雪花、记录单、笔人手一份。

 活动过程

一、观察自己制作的剪纸雪花
教师拿出8片幼儿制作的剪纸雪花，幼儿观察。
二、探索8的加法
教师：有的小雪花喜欢飘落在房顶，有的小雪花喜欢飘落在树枝上，请你将手中的8

片雪花分别飘落在屋顶和树枝上。

1. 幼儿用8片雪花自由探索，发现8的加法。

2. 幼儿人手一张记录单，边操作边记录所分的结果。

三、分享记录结果，根据游戏中事情发展的顺序和相关数量提出加法应用题的问题

1. 个别幼儿完整表述自己所分的过程，并提出一个问题。

2. 幼儿列出相应的加法算式。

3. 幼儿用应用题的形式和同伴分享自己分解的过程。

四、小结

1. 理解加法算式的意义。

2. 发现交换规律，知道两数交换位置，和不变。

3. 认读加法算式。

五、收放物品，活动自由结束

 活动延伸

练习书写8的组成分解式。

活动2 美丽的雪花

 活动目标

1. 学习9的组成与分解，发现分合式中的规律。

2. 能用简单的记录单表示9的组成与分解。

3. 乐于主动探索，愿意与同伴交流自己的发现。

 活动准备

幼儿剪好的雪花9片，记录单、笔人手一份，每组一幅情景图（一棵树、一座房子），数字卡。

 活动过程

一、观察自己制作的雪花

教师：我们剪了许多小雪花，一起看看来，哪些最漂亮？（出示9片剪纸雪花）

二、运用剪纸雪花探索9的组成与分解，提出问题

教师：有的小雪花喜欢飘落在房顶，有的小雪花喜欢飘落在树枝上，请你将手中的9片小雪花分别飘落在屋顶和树枝上。

1. 幼儿用剪纸雪花自由探索，发现9的组成。

2. 幼儿人手一张记录单，边操作边记录所分的结果。

3. 幼儿说一说自己操作的结果。

三、归纳9的组成，并列出组成、分解式

四、探索发现组成、分解的规律

1. 两个部分数交换位置，总数不变。

2. 左侧的部分数越来越小，右侧的部分数越来越大（左侧部分数递减，右侧部分数递增）。

五、操作雪花片，巩固9的组成与分解（幼儿边说边操作）

六、以游戏形式复习巩固9的组成与分解

数字卡对对碰：教师举出一张数字卡，幼儿举出与之合起来是9的数字卡。

 活动延伸

幼儿绘画，运用不同线条和图形进行自由创作。

活动3 绘本《雪人》

 活动目标

1. 了解无字绘本的特点，理解以"雪人和小男孩的交往"为线索的故事内容。

2. 欣赏绘本画面所带来的柔和、质朴感。

3. 感受小男孩与雪人之间的真挚友情。

 活动准备

1. 绘本《雪人》人手一本。

2. 绘本《雪人》PPT，轻柔的乐曲。

 活动过程

一、话题导入

教师：小朋友们，你们喜欢雪吗？

教师：下雪的时候，我们可以做什么事情？

教师：你们堆过雪人吗？你们有没有想过有一天雪人会动起来，和我们一起游戏，成为我们的好朋友呢？

教师：如果你的雪人会动起来，你要和它做什么游戏呢？

二、观察封面，认识书名

教师：仔细看图，你看到了什么？它是一个怎样的雪人？（胖嘟嘟、憨态可掬、善良等）

三、自主阅读绘本内容

教师：这本书中藏着一个好听的故事。现在，我们就翻开书本，一起静心地去感受雪人和小男孩之间的故事。

教师播放音乐，幼儿自主阅读图书。

四、进一步感受绘本内容

1. 提问：你在绘本中看到了什么？你最喜欢哪一页画面，为什么？（幼儿自由结伴交流）

2. 教师请幼儿大胆、有选择地讲述绘本画面。

3. 提问：孩子们，在阅读绘本的过程中你有没有疑问呢？（教师与幼儿共同讨论、解疑）

4. 小结：小男孩给予了雪人生命，他们一起快乐地游戏着。

五、认真倾听教师讲述

1. 教师有感情地讲述绘本内容。

2. 提问：孩子们，这是一个什么样的故事，你看了以后会有什么感觉？

3. 小结：在你的生活中，你也会和小男孩一样经历许多事情，这些事情可能会让你开心、难过，它们会永远留在你的记忆中，使你的生活丰富多彩。

活动4 下 雪 了

活动目标

1. 能根据绘本《雪人》中下雪的画面，结合生活中雪后的自然景观，尝试创作下雪天的景象。

2. 能根据需要自由选择绘画材料作画，并用不同的表现手法表达自己的感受。

3. 体验用特殊材料进行美术创作的乐趣。

活动准备

1. 绘本《雪人》及下雪情景的PPT。

2. 卡纸、水彩笔、棉花、牙刷、餐巾纸人手一份。

活动过程

一、观看绘本《雪人》PPT，观察雪后的景色

教师：前几天我们看了绘本《雪人》，咱们再来一起回忆一下里面好看的画面吧。

1. 提问：这些画面好看吗？美在哪里？

2. 猜想：书中的画面是用什么方法创作的呢？

二、观察幼儿园下雪后的场景图

教师：老师还给小朋友们带来了幼儿园雪后的照片，小朋友一起来欣赏。欣赏的同时，想想如何创作一幅雪景图。

教师：你都看到了什么？

三、观察、了解操作材料

教师：你们看这里都有什么呀？（棉花、牙刷、餐巾纸）

教师：你们觉得它们像什么？可以做什么？

四、选择材料，尝试探索

五、分享交流自己的发现

小结：原来这些物品都能帮助我们制作出各种各样的雪花。

六、幼儿制作雪花，教师巡回指导

七、展示交流作品

活动5 剪雪花

活动目标

1. 了解雪花的特征，知道每一片雪花的样子都是不同的。

2. 学习六瓣花的折法和剪法。

3. 感受剪出的不同雪花的美，体验剪纸的乐趣。

活动准备

1. 正方形手工纸、剪刀若干，盘子每组一份。

2. "雪花" 的视频、"剪雪花" 的PPT。

剪雪花

活动过程

一、猜谜语引出活动内容

1. 教师请幼儿猜谜语：一片两片三四片，飘落水中都不见。

2. 幼儿观看视频，欣赏雪花。

教师：冬天来了，我们做一些雪花来装扮我们的教室，好吗？

二、观看PPT，了解雪花的特征

教师：雪花是由几片花瓣组成的？（引导幼儿发现所有雪花都是由六片花瓣组成的。）

教师：每片雪花的样子都一样吗？（引导幼儿发现雪花的花形各种各样）

三、学剪雪花

1. 提问：雪花有六片花瓣，怎样才能将这张纸分成六个角呢？

（1）教师引导幼儿将正方形的折纸分成六份。

方法：将正方形纸对角折，折成大三角形，将大三角形对角折，然后打开，找到底边的中心点，以中心点为准将两边分别向上折，调整成均匀的三份，即三瓣花。将折好的三瓣花对边折，就是六瓣花了。

（2）幼儿尝试练习六瓣花的折法。

（3）幼儿尝试剪雪花，教师巡回观察。

2. 发现问题，解决问题。

（1）在幼儿剪第一片雪花后，若没有变成六瓣，教师则和幼儿一起解决出现的问题。

（2）幼儿再次剪雪花。

（3）教师提醒幼儿剪时要注意安全，并注意收放物品。然后，教师进行小结。

四、布置环境

教师同幼儿一起将作品布置在主题墙上，还可以贴在窗户玻璃上，或是将雪花连成一串串悬挂在门口和室内。

 活动延伸

将剪好的雪花系上线绳，放在不同形状的杯盖中，将线绳的一头留在盖子外，加满水放在室外冰冻。

活动6　有趣的冰

 活动目标

1. 知道冰是固体，了解冰在人们生活中的作用。

2. 通过操作感知冰具有凉、硬、透明、遇热融化成水的特征。

3. 对生活中的自然现象产生兴趣。

 活动准备

1. 每组四五块冰以及分别装着凉水和热水的碗。

2. 调查表"冰的作用"人手一份。

活动过程

一、玩冰

教师：今天老师给小朋友们带来了一样东西，你们看看，是什么？

教师：请小朋友们来玩一玩冰，看看发现了什么？

二、梳理发现，归纳冰的特征

1. 教师鼓励幼儿说出自己的发现，并在黑板上进行记录。

2. 教师小结冰的特征：

（1）冰是透明的；

（2）冰是硬硬的，很光滑；

（3）冰是固体，水是液体，冰遇热会融化成水，水在0摄氏度以下会结成冰。

3. 做实验：准备一碗冷水、一碗热水，请幼儿将同样数量的冰块分别放入后，观察哪个先融化了。要让幼儿自己得出结论：冰遇热化成水。

4. 小结：刚才我们通过玩冰和做实验发现，冰很凉、很硬、透明、遇热能化成水，是固体，温度在0摄氏度以下，水会结成冰。

三、讨论：冰在我们的生活中有什么作用

1. 幼儿自由讨论冰在我们生活中的作用。

2. 教师小结：

（1）受伤后用冰敷，可以消肿；

（2）冰是可以吃的，快餐店里的可乐里都有冰；

（3）冰可以做成冰雕供人们欣赏；

（4）人在高烧的时候，还可以用冰敷在头上降温；

（5）冰有保鲜的作用，超市的海鲜下面都铺上了冰。

区 域 设 置

主题四"冬天我知道"区域设置

区域名称	区 域 材 料	具 体 活 动
美工区	剪雪花方法步骤图、彩纸、剪刀	按照步骤图剪雪花
科学区	动物图片、铅笔、记录单、幼儿剪好的雪花	1. 根据动物过冬的方式进行分类并记录 2. 进行操作活动"美丽的雪花"，记录分合结果
主题墙面	1. 将幼儿收集的动物过冬图片制作成主题墙 2. 将幼儿剪的雪花作品制作成主题墙进行展览 3. 将幼儿制作的《下雪了》作品进行展示	

主题五

新年习俗多

元旦和春节分别是公历新年和中国的农历新年。在这个主题中，幼儿通过公历的庆新年——元旦，来了解世界各国庆祝新年的形式，从而打开视角，开阔视野，并开始对离自己生活很远的地方产生兴趣。

中国的农历新年，是中国最重要的传统节日。春节的时候，有吃团圆饭、逛商店、买年货、贴春联、挂年画等习俗，生肖的变换也蕴含其中。幼儿在多样的活动中能够学习中华民族农历新年的礼仪及风俗习惯，并丰富以下经验。

1. 春节为农历正月初一，是农历新年的开始，是中国人民最重要的节日，是一家人团圆的日子。

2. 春节前，人们常常要逛商店、买年货、挂年画、贴春联等，除夕要吃丰盛的年夜饭。

3. 春节，小孩子会收到许多压岁钱，压岁钱代表了大人对孩子的美好祝愿。

4. 春节有许多特殊的活动，如拜年、走亲戚、舞狮、舞龙等。

主题目标

1. 知道"元旦"是公历新年，初步了解世界上几个国家庆祝新年的方式。

2. 知道春节是我国的传统节日，春节到了，自己又长大一岁了，了解春节的一些习俗（拜年、压岁钱等）。

3. 感受春节的欢乐气氛，体验与人们共庆春节的快乐。

4. 参加丰富多彩的春节活动，用连贯完整的语言讲述春节中的所见所闻。

5. 知道十二生肖的排列顺序，知道自己、家人、好朋友的属相。

路径一 世界真精彩

活动1 爱心台历

 活动目标

1. 初步了解台历的用途，在探索中理解台历中的数字、文字以及排列规律。
2. 理解年、月、日的概念，感知年、月、日的关系。
3. 初步感知时间的概念，懂得珍惜时间。

 活动准备

1. 师幼共同收集旧台历（相同年份的每组1～2份）。
2. 新台历1份，万年历1份（手机或电子年历）。

 活动过程

一、自由翻看台历，探索发现台历中都有什么

1. 幼儿自由讨论。
2. 个别幼儿说一说自己的发现。

二、了解台历中文字、数字所代表的含义

1. 提问：你发现了哪些数字？它们分别代表什么意思呢？（年、月、日）

教师：除了数字，你还发现了什么？这些文字表示什么意思？（师幼小结）

2. 提问：刚才小朋友发现了许多，你们还有新的发现吗？

教师引导幼儿进一步发现台历中的规律（一个月有28天、29天、30天和31天之分）。

3. 提问：台历给我们的生活带来了什么方便？（师幼小结）

4. 提问：你们能在台历中找到自己的生日吗？

（1）幼儿在台历中找一找自己的生日。

（2）幼儿在台历中找一找熟悉的节日："六一"儿童节、"十一"国庆节、"三八"妇女节等。

活动延伸

在区域中投放台历，供幼儿探索、操作。

活动2 世界真精彩

活动目标

1. 知道世界很大，由许多国家组成。
2. 初步了解这些国家的风景、建筑特色和饮食文化等。
3. 感知世界各地文化的多样性和差异性。

活动准备

1. 意大利、埃及、法国的建筑、美食、纪念品等的PPT。
2. 世界地图一张，地球仪一个。

世界真精彩

活动过程

一、猜国家

教师出示意大利比萨斜塔、日本富士山、埃及金字塔、法国埃菲尔铁塔的照片，幼儿猜一猜是哪里的建筑，叫什么名字，是哪个国家的。

二、了解不同国家的特色建筑

三、了解不同国家的特色美食

提问：这是哪个国家？他们吃的是什么？他们用的是怎样的餐具？和我们一样吗？（意大利——比萨，埃及——烤鸽子，法国——鹅肝酱）

四、认识四个国家的纪念品

幼儿猜猜是哪个国家的纪念品，并说一说名称。

提问：你最喜欢哪个国家的纪念品，为什么？

五、找找地图上的国家

提问：世界很大，我们来找一找，这些国家在地球仪上哪个位置？

提问：在地图上，你还能找出哪些国家？

幼儿自由交流，找出其他国家的位置。教师引导幼儿明白，除了今天介绍的国家，还有很多其他国家。

活动3 外国人怎样过年

活动目标

1. 了解美国、法国、俄罗斯、瑞士四国过新年的习俗。
2. 在活动中能用连贯的语言大胆表达自己的想法。
3. 感受外国人过新年的欢乐气氛，体验过年的快乐。

活动准备

"过新年的方式"PPT。

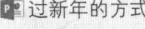

活动过程

一、谈话导入

教师：新年就要来到了，大家都很高兴，让我们来想一想，怎样过新年才快乐呢？（幼儿自由讨论）

二、出示图片引导幼儿观察各国人民过新年

教师：这是什么地方？他们在干什么？

小结：这是不同国家的人们在庆祝自己的新年。

三、播放PPT，引导幼儿观察

1. 幼儿看一看、说一说这些国家的人是怎样过新年的。

2. 观看PPT，共同讨论外国人怎样过新年。

（1）了解美国人怎样过新年。

教师：你知道这是什么地方吗？他们在干什么？

（2）了解法国人怎样过新年。

教师：法国人过新年时做些什么呢？

（3）了解俄罗斯人怎样过新年。

教师：这些人在干什么？桌子上有什么？

（4）了解瑞士人怎样过新年。

教师：人们在干什么？这些小猪在干什么？

四、请幼儿之间相互送新年祝福

活动 4 认识邮政局

活动目标

1. 初步了解邮政局的作用。
2. 通过寄贺卡了解邮递员的基本工作方式。
3. 体验邮递员工作的辛苦，产生对邮递员的尊重之情。

活动准备

1. 邮政局工作方式和工作流程的PPT。
2. 邮递员工作的视频。

认识邮政局

活动过程

一、问题导入

教师：新年就要到了，小朋友们制作了许多贺卡要送给自己的好朋友和亲人，可是怎么送给他们呢？（可以从给他们一个惊喜、好朋友或爷爷奶奶住得很远等方面引出邮寄的话题）

二、认识邮政局

1. 谈论：你去过邮政局吗？你在邮政局发现了什么？
2. 引导幼儿梳理经验：
（1）邮政局的标志性颜色是绿色。
（2）邮政局里有邮箱。
（3）邮政局可以寄包裹和信件、存取钱、订阅报纸、代收煤气和水电费等。
3. 出示PPT，以寄贺卡帮助幼儿了解邮递员的工作方式。
（1）提问：小朋友们猜一猜，邮递员会怎样把我们的贺卡送到亲人手里呢？
（2）幼儿大胆猜想或描述自己的生活经验。
① 出示PPT，讲解邮递员的工作流程。
② 提问：刚才看了图片，谁能说一说贺卡是怎样一步步寄到收件人手上的？
4. 帮助幼儿再次梳理经验，观看邮递员工作的视频。
小结：邮递员为大家忙碌，工作很辛苦，我们应该尊敬他们。

三、邮寄贺卡

师幼共同邮寄贺卡。天气允许情况下，到邮政局邮寄；天气不允许情况下，在幼儿园里邮寄。

活动延伸

进行语言游戏"邮递员送信"。

活动5 新年贺卡

 活动目标

1. 欣赏贺卡的色彩、花纹、设计等，表达自己的感受与想法。
2. 学习制作贺卡，能大胆构思、设计新颖。
3. 体验制作贺卡的乐趣，进一步提升自信心。

 活动准备

1. 幼儿收集各种贺卡布置教室。
2. 卡纸、彩笔、剪刀及辅助材料人手一份。
3. 活动前，家长带孩子到邮局买信封和邮票，贴好并写上地址、邮编。

 活动过程

一、教师以谈话形式引出主题

1. 提问：新年快到了，你们准备给爸爸妈妈送什么礼物呢？（引出主题——贺卡）

2. 幼儿自由交流。

二、师幼共同了解贺卡的用途

三、幼儿欣赏自己收集的贺卡，讨论贺卡的形状、颜色、造型等

1. 提问：请你们看一看，自己手里拿的贺卡和旁边小伙伴的有什么不同？（互相交流，找出自己手中贺卡的独特之处）

2. 小结：这些贺卡，每一张的特点不同。有的是镂空的；有的是凸出来的，摸在手上凹凸不平；有的像画的；有的像贴的。总之，它们的图案都很好看，颜色都很鲜艳。

四、教师介绍制作的材料与工具，提出要求，幼儿自主选择材料制作贺卡

教师：今天我们也来做一张贺卡送给爸爸妈妈，好吗？

五、幼儿尝试设计，教师巡回指导

1. 幼儿相互交流设计制作的方法。

2. 教师根据交流分享的结果，鼓励幼儿大胆表达自己的想法。

3. 幼儿制作贺卡。

六、幼儿和同伴分享自己的作品

活动6 长得要比爸爸高

活动目标

1. 理解诗歌内容，知道自己长大了，身体、外形和能力上都有变化。

2. 能讲述自己的理想，有感情地朗诵诗歌。

3. 对成长充满向往，希望做个有理想的孩子。

活动准备

诗歌《长得要比爸爸高》PPT。

长得要比爸爸高

活动过程

一、谈话导入，引出活动内容

教师：新的一年即将过去，小朋友们又长大一岁了，今天我们来学习一首和我们自己有关的诗歌《长得要比爸爸高》。

二、教师带领幼儿理解诗歌内容

1. 教师有感情地朗诵诗歌。

教师：你们听到了什么？（教师进行补充）

2. 教师第二次朗诵。

（1）提问：你从哪里听到宝宝长大了？爸爸妈妈和宝宝说了些什么？

（2）幼儿回答后，教师朗诵第一段，幼儿尝试跟说。

3. 幼儿讨论爸爸有什么本领，自己有什么理想。

（1）同伴间互相说一说。

（2）请个别幼儿说一说。

（3）提问：诗歌里是怎么说的？（出示PPT，讲解第二段）

4. 提问：爸爸听了怎么说？

三、教师出示PPT，带领幼儿尝试跟说诗歌

幼儿在图片提示下学说诗歌内容。

四、幼儿有感情地朗诵诗歌

附诗歌

长得要比爸爸高

我长高啦!

真的,你瞧瞧!

去年坐车不要票,

今年可要买车票。

我的长裤子越穿越短,

我的大棉袄越穿越小。

妈妈说:"你长得真快,将来准比爸爸高。"

爸爸说:"个子比我高,本领就应该大。"

我说:"爸爸,我要像您一样报天气。

您只能预报下雨,起风暴;

晴天,阴天;

云多还是云少。

我却一定要建立一个气象指挥哨:

降下及时雨,

救活干渴的秧苗。

还要在夏夜吹起微风,

让人们香甜地睡觉。"

爸爸听了微微笑:

"你的理想很好,很好!

只要你努力学习,

将来的本领一定比我高!"

活动7 美丽的贺卡

 活动目标

1. 在实际操作中进行8以内实物的分解与组成。
2. 感知分解与组成的意义,理解整体与部分的关系。
3. 能主动探索,愿意与同伴交流自己的发现。

 活动准备

1. 红色、绿色标志卡人手一份。

2. 记录单、铅笔人手一份。

 活动过程

一、碰球游戏：复习7以内的分解与组成

教师：嘿嘿，我的1球碰几球？嘿嘿，我的2球碰几球？嘿嘿，我的3球碰几球？……

二、探索操作并记录结果

教师：马上就要过年了，每个小朋友都准备了贺年卡，你们想送给谁？那今天就请你们来给他们送贺卡吧。

教师：小朋友先来数一数，你们组一共有几张贺年卡？

教师：我们要把这8张贺年卡分别送给2个人，放在不同的标志下面，你会怎样分呢？请你们试一试。

小组合作：每个小组有2张不同颜色的标志。每个幼儿探索操作分贺卡，并将每次分的结果记录下来。最后，每组派一名代表上前讲述操作结果。

三、理解分解式的意义

1. 幼儿理解总数与部分数关系。

2. 教师引导幼儿发现递增递减规律。

3. 幼儿认读8的分合式。

四、交流小结

活动8　窗花与拉花

 活动目标

1. 感受对称美、色彩美和图案美。

2. 能用多种表现手法，探索窗花、拉花折叠和剪的方法。

3. 尝试剪出各种图案的窗花和拉花，体验剪纸的乐趣。

 活动准备

1. 手工纸、卡纸人手一份。

2. 彩笔、剪刀、双面胶人手一份。

活动过程

一、教师以谈话导入，引起幼儿兴趣

1. 提问：马上就要过新年了，怎样把我们的教室装扮得漂亮一些呢？

2. 幼儿自由交流。

3. 小结：窗花与拉花是中国的民间艺术，一般用作过年的装饰，以庆祝喜庆的节日。

二、教师介绍制作的材料与用法，并提出安全要求

三、幼儿自由选择材料与工具，尝试制作，教师巡回观察指导

1. 教师以幼儿作品为例，引导幼儿探索折叠和剪的方法。

2. 幼儿自由探索折叠和剪的方法，教师引导。

3. 师幼共同总结折叠和剪的方法，再次制作，并交流发现。教师可用暗示的方法鼓励幼儿大胆创作，如使用铅笔在折叠的纸上画出图案，来剪出不同的花纹。

4. 教师引导幼儿发现窗花的对称，幼儿再次向同伴学习，并进行制作，同时探索窗花（拉花）的制作方法和连接方法。

四、幼儿分小组制作，互相交流，合作完成拉花

1. 教师重点指导幼儿窗花剪圆的技巧与图案的剪法。

2. 教师提醒幼儿在剪拉花时不能将弧线剪断。

3. 幼儿发现并解决在合作与连接过程中遇到的问题。

五、幼儿分享并欣赏作品，感受作品的对称美和图案美

活动延伸

幼儿和教师一起，用自己制作的窗花与拉花共同布置教室。

活动9 贴窗花

活动目标

1. 学习9的组成与分解，发现分合式中的规律。

2. 能用简单的记录单表示9的组成与分解。

3. 能主动探索，乐意与同伴交流。

活动准备

9张窗花、2扇窗户图片、1支铅笔、1张记录单人手一份。

活动过程

一、观察自己上节课制作的窗花

教师：我们剪出了许多窗花，来一起看看哪些最漂亮？

二、运用剪纸窗花探索9的组成与分解

教师：每人有两扇窗户，请你把漂亮的窗花分别贴在两扇窗户上。

1. 幼儿用剪纸窗花自由探索，发现9的组成与分解。

2. 幼儿人手一张操作记录单，边操作边记录所分的结果。

3. 幼儿说一说自己操作的结果。

三、师幼共同归纳9的组成，并列出分合式

四、探索发现组成、分解的规律

1. 两个部分数交换位置，总数不变。

2. 递增递减规律：右侧的部分数越来越小（递减），左侧的部分数越来越大（递增）。

五、以游戏形式复习巩固9的组成与分解，自然结束活动

活动10 新年倒计时

 活动目标

1. 了解倒计时的含义，关注与自己生活密切相关的数的信息。

2. 尝试制作倒计时牌，产生对新年的期盼。

3. 知道日常生活中需要用数学来解决问题，体会数学的用处。

 活动准备

台历一本，"春晚倒计时"视频，绘画纸、水彩笔人手一份。

 活动过程

一、游戏导入

1. 进行游戏"倒计时"。

教师与幼儿共同从10开始倒计时，幼儿一边感知倒计时，一边寻找座位。

2. 观看"春晚倒计时"视频，感受倒计时过程中人们的喜悦之情。

3. 提问：他们是怎么数的？为什么要倒着数？

4. 小结：倒着数的是时间，叫倒计时（在体验、感知的基础上，让幼儿明确倒计时的概念）。

二、寻找生活中的倒计时

1. 提问：你还在哪里看见过倒计时？

2. 提问：红绿灯是怎样倒计时的？没有倒计时会怎样？

3. 提问：火箭发射的时候是怎么数的？火箭发射为什么要有倒计时？（运用关键提问，引发幼儿对倒计时作用的思考）

4. 进一步发现、运用倒计时。

5. 小结：有的倒计时用"秒"（奥运会开幕式、火箭发射等），有的倒计时用"分"（电扇），有的倒计时用"天"（世博会）。生活中处处有倒计时，有的提醒我们注意安全，有的让我们做好准备。

三、尝试计算倒计时，制作倒计时牌

1. 教师鼓励幼儿计算新年倒计时。

教师：1月1日是新年的第一天，让我们一起来做个新年倒计时牌吧！

2. 幼儿计算从现在到新年还有几天，根据日期制作倒计时牌。

3. 幼儿制作倒计时牌，教师巡回指导。

4. 小结：新年倒计时牌能让我们很清楚地知道今天离元旦还有几天，可以在这一段时间里为新年做准备。

 活动延伸

1. 爸爸妈妈与幼儿一起做一个新年倒计时牌，最后一张是幼儿画的笑脸，表示新年到。

2. 可在区角中投放制作工具与材料，幼儿发挥创意制作倒计时牌。

活动11　新 年 礼 物

 活动目标

1. 能运用多种工具、材料制作新年礼物。

2. 能用较为生动的语言讲述自己制作的礼物。

3. 体验创作新年礼物带来的乐趣，感受新年的氛围。

 活动准备

剪刀、固体胶人手一份，水彩笔、油画棒每组一份，彩纸、绘画纸、橡皮泥若干。

活动过程

一、教师以谈话形式引入活动

1. 教师：新年马上就要到了，小朋友们又长大了一岁，为了迎接新年的到来，我们也来制作一些小礼物送给小朋友吧！

2. 幼儿相互讨论要制作的新年礼物。

教师：你想送给小朋友什么礼物呢？请和旁边的小朋友互相说一说。

3. 个别幼儿谈谈自己要制作的礼物和制作的方法。

二、教师提供各种操作材料和工具，幼儿制作礼物

1. 教师介绍各种操作材料，并提出制作时的常规要求：正确取放工具，注意桌面地面的整洁。

2. 幼儿自由选择操作材料，制作新年礼物。

3. 教师巡回指导。

三、教师展示幼儿制作的新年礼物，引导幼儿相互交流与欣赏

活动 12　爱 心 礼 盒

 活动目标

1. 了解长方体和正方体的特征，能分辨日常生活中长方体和正方体的实物。

2. 会用观察、比较等方法探究长方体和正方体的异同，对生活中类似的物体产生兴趣。

3. 感受和体验平面图形与立体图形的不同。

 活动准备

大长方体、大正方体纸盒各一个，正方体和长方体制作卡片人手一套，水彩笔、彩色折纸和贴画若干。

 活动过程

一、制作"新年爱心礼盒"，萌发参与活动的兴趣

二、观察自己手中的材料，巩固对长方形和正方形的认识

1. 幼儿观察自己的盒子有几个面，是什么形状的。

2. 提问：怎样记录有几个面？你有什么好方法？

3. 幼儿用笔在盒子上做出标记（标记有几个面，都有哪些形状）。

4. 小结：

（1）正方体是由6个面围成的立体图形，6个面是大小相同的正方形；

（2）长方体也是由6个面围成的立体图形，相邻的面大小不同，相对的面大小相同。

5. 教师出示教具验证。例如，带领幼儿数一数有6个面，重叠验证大小，围拢变成正方体。

三、结合生活经验，说一说生活中还有哪些正方体和长方体

四、装饰自己的小礼盒

 活动延伸

1. 可在区角中投放各种正方体和长方体的物品，供幼儿操作。

2. 幼儿往小礼盒中装入礼物，想一句祝福的话，并安排时间送礼物。

活动13 新年自助餐

 活动目标

1. 了解自助餐的用餐礼仪及菜肴的陈列方式。

2. 养成良好的用餐习惯，按需取餐不浪费粮食。

3. 知道荤素搭配、干稀搭配、主副食搭配等。

4. 在与同伴共享自助餐的过程中感受过新年的快乐。

 活动准备

1. 对幼儿进行餐前教育，提醒幼儿正确使用餐具和公勺、公筷。

2. 制作菜品名称牌，提前布置好场地（入口、菜品区、就餐区）。

3. 幼儿制作好的自助餐券人手一张。

 活动过程

一、欣赏菜肴的色、香，了解食品的分类及营养搭配知识

1. 欣赏食物，认识菜品。

（1）幼儿参观、欣赏，自由交谈（教师提醒幼儿不要碰翻食物）。

（2）提问：你看到了什么菜品？是什么颜色的？有什么营养？闻上去是什么味道？

2. 将食物进行分类。

教师：这些食物如何摆放才能有规律一点，方便取餐呢？

（1）幼儿自由商量分类的方法。

（2）集体交流：哪些食物应放在一起，为什么？（归类：点心类、水果类、素菜类、

荤菜类）

3. 了解营养搭配知识。

（1）了解荤素搭配、干稀搭配、主副食搭配等原则。

（2）了解主副食、水果、饮料等食品选用的先后次序。

（3）提问：用餐时，应先吃什么，后吃什么？为什么？（幼儿先小组讨论，后集体交流）

二、萌发对食堂工作人员、农民的情感

1. 提问：这些味道鲜美、色彩鲜艳的食物是谁做出来的？

2. 提问：我们吃饭时应注意些什么？（节约粮食，不剩饭菜，不掉米粒等）

三、讨论自助餐的使用常规和进餐要求

教师：在用自助餐时要注意些什么？

人多不拥挤，互相谦让；从入口处检票进入；轻拿轻放用具；食物夹子不混用，夹食物时要夹牢，不掉在地上；取少量，用完后再添加；不贪吃某一种食物，多吃了会不消化，影响身体健康；所选食物尽量做到全面；饭后把自己的餐具收整齐。

四、享用自助餐

1. 就餐前的准备工作。

（1）幼儿排队凭票进场。

（2）幼儿洗手，拿餐盘取饭菜。教师提醒幼儿互相谦让，不抢食物，餐具、食物不掉地上。

2. 幼儿就餐（播放轻音乐）。

（1）教师注意营造愉快的进餐氛围，保证幼儿良好的情绪。

（2）教师提醒幼儿：细嚼慢咽，吃完自己所选的食物，选择的食物要多样。

（3）每组幼儿将骨头等废物放入一个盘内，不乱扔，养成好习惯。

五、整理用具，饭后漱洗

1. 收拾桌面，将骨头、鱼刺等废物倒入垃圾箱。

2. 将碗、筷轻轻放在指定位置。

3. 漱口、擦嘴。

活动14 新 年 大 餐

活动目标

1. 在操作探索过程中学习9的减法。

2. 知道生活中有许多问题可以用数学方法来解决。

3. 体验数学活动的有趣。

活动准备

1. 幼儿自制的新年大餐图片（8盘不同种类的菜，每盘9个）每组一张。
2. 铅笔、数学本人手一份。

 活动过程

一、导入课题，萌发参与活动的兴趣

教师：要过新年了，老师邀请小朋友们一起吃年夜饭哟。

二、分组合作操作图片，感知理解9的减法

1. 教师提出吃年夜饭的要求，每次只选一种菜，并且每次吃的数量不同（用铅笔把要吃掉的菜画上斜线）。

2. 幼儿边操作边记录（一人操作，其他人记录，幼儿自行商量操作顺序），教师巡回指导。

3. 幼儿分享记录结果，并尝试用应用题的表述方式向同伴讲述自己吃年夜饭的过程，请同伴列出相应的减法算式。

4. 师幼共同归纳9的减法，并列出减法算式。

三、收放物品，活动结束

路径二　红红火火中国年

活动1　拜　　年

 活动目标

1. 学习手口协调、有节奏地清楚朗诵快板《拜年》，探索说快板的不同方法。
2. 运用模仿、商讨、合作等方法，感受说快板的乐趣。
3. 在与同伴互动学习的过程中，积累解决问题的方法，体验合作学习的快乐。

 活动准备

竹板、纸、笔人手一份。

 **活动过程**

一、欣赏竹板儿歌，萌发活动兴趣

1. 教师有节奏地边打竹板边说儿歌，注意用面部表情、眼神表现出儿歌中过年的喜庆气氛。

2. 提问：请你们说一说，老师在做什么？你们想不想试一试？

二、自由探索打竹板

1. 幼儿自由选择竹板，探索竹板的打法。教师注意观察在幼儿遇到困难无法解决时，适时地根据幼儿不同的能力状况或提出解决问题的建议，或示范、讲解解决问题的具体方法。

2. 幼儿自由选择同伴，相互探究如何有节奏地打竹板。

三、探索不同方法，学习说儿歌

1. 教师边说儿歌边带领幼儿有节奏地打竹板。

教师：谁愿意来说说这段快板？有什么好方法能学得更快呢？（鼓励幼儿想出多种办法，如跟着教师说，用图、文的形式记下每一句内容等）

2. 教师协助幼儿尝试用自己想出的办法，理解、学说快板。

3. 师幼共同打着竹板说儿歌，教师注意用自己的激情感染幼儿，让幼儿感受打竹板说儿歌的乐趣。

四、探索快板的不同玩法，进一步体验说快板的乐趣

1. 提问：除了这样说这段快板外，还可以用什么不同的、比较有趣的方法说这段快板呢？

2. 幼儿自由讨论，教师了解每组幼儿的状况，关注有哪些新的想法。

教师请幼儿一组组有序地向大家介绍快板的新玩法，教师也可以阐述自己的新玩法，如变化速度、节奏、祝贺的对象与祝贺词等。

3. 幼儿以小组为单位，每组选择一种玩法共同排练，并在集体面前表演。在这一过程中，教师及时发现幼儿遇到的共性问题，寻找解决的方法，并让大家共同分享，以获得合作、学习方面的经验。

 活动延伸

日常生活中，可以鼓励幼儿收集不同的祝福语，改变儿歌中的祝贺对象与贺词，仿编快板。

拜　年

打竹板，听我言，正月初一过大年。

张灯结彩放鞭炮，左邻右舍贴春联。

爷爷奶奶春节好，祝贺健康又平安。

爸爸妈妈春节好，阖家欢乐庆团圆。

活动2　元　　日

 活动目标

1. 能跟随配乐进行古诗朗诵，指点相应的文字，并发现古诗语句简练、句长一致的特点。

2. 运用观察、反思、质疑等方法，初步理解故事的内容及意境。

3. 在朗诵中初步感受古诗的韵律美，提高朗诵古诗的兴趣。

 活动准备

古诗《元日》PPT，《元日》音频。

 活动过程

一、教师创设情境，幼儿自由阅读古诗《元日》

1. 提问：今天老师要请你们欣赏一首与过年有关的诗歌，听一听诗歌里说了些什么。

2. 教师出示PPT并播放配乐古诗《元日》，幼儿自由欣赏。

3. 提问：你们听到古诗中都说了些什么？

教师用手指点相应的画面及文字，启发幼儿联想、猜测古诗的内容。

二、师幼跟随音频共同朗诵古诗

教师：谁能够一边朗诵古诗一边用手指点相应的文字呢？

请一两名幼儿上来，边念边指点相应的文字。针对存在的问题，大家共同思考如何解决。

三、师幼围绕古诗的学习重点展开活动

1. 提问：听了这首古诗，你们发现了什么？还有什么不懂的地方？

教师可以根据幼儿的回答，提一些具体的小问题，帮助幼儿理解古诗的特点及内容。如询问古诗的每个句子都有多少个字，让幼儿一起来数一数，使幼儿知道每个句子的字数相同，语言特别精炼。

2.师幼互相提问，逐句理解古诗的意思。

教师可请幼儿再次欣赏配乐古诗，如以集体跟说、师幼轮流说、单双句表演等方式进一步感受古诗的美好意境。

 活动延伸

开展古诗吟诵会，对勇于在集体面前表演的幼儿给予奖励。

 **附古诗**

元　日

〔北宋〕　王安石

爆竹声中一岁除，

春风送暖入屠苏。

千门万户曈曈日。

总把新桃换旧符。

译文

爆竹声送走了旧年，春风把暖意融入屠苏酒中。天刚刚亮时，家家户户都取下了旧的桃符，换上了新的桃符，迎接新春的到来。

活动3　放 鞭 炮

 活动目标

1.通过操作观察，探索学习8的减法。

2.根据游戏中事情发展顺序和相关数量，提出减法应用题。

3.在游戏中感知减法意义，体验数学在生活中的用处。

 活动准备

七挂鞭炮图片，算式本、笔人手一份。

活动过程

一、教师以游戏"放鞭炮"导入活动，引发幼儿参与活动的兴趣

教师：小朋友们，我们一起来放鞭炮吧！

二、师幼共同操作图片，感知和理解8的减法

1. 教师出示第一挂鞭炮。

教师：这一挂鞭炮上一共有几个炮仗？（8个）嘭！放了几个？（1个）这一挂鞭炮上还剩几个炮仗？（7个）（幼儿尝试说出减法算式8−1=7，师幼共同记录）

2. 教师出示第二挂鞭炮。

教师：这一挂鞭炮上一共有几个炮仗？（8个）嘭！嘭！放了几个？（2个）这一挂鞭炮上还剩几个炮仗？（6个）（幼儿说出减法算式8−2=6，师幼共同记录）

3. 教师出示第三挂鞭炮。

教师：这一挂鞭炮上一共有几个炮仗？（8个）嘭！嘭！嘭！放了几个？（3个）这一挂鞭炮上还剩几个炮仗？（5个）（幼儿说出减法算式8−3=5，师幼共同记录）

4. 教师依次出示第四挂、第五挂、第六挂、第七挂鞭炮。个别幼儿操作，并用应用题的形式说出自己的操作过程，提出问题，其他幼儿说出相应的减法算式并记录。

三、师幼分享整理记录结果，进一步理解减法算式的意义

四、幼儿认读减法算式

五、幼儿进行游戏"快乐大闯关"，巩固8的减法

六、师幼共同收放物品，活动自由结束

活动4 新 年 趣 事

 活动目标

1. 能完整连贯地讲述新年里最感兴趣和最高兴的事。
2. 尝试用绘画、剪贴等形式将假期趣闻表现出来。
3. 乐于参与活动，养成仔细倾听的习惯。

 活动准备

水彩笔、绘画纸人手一份，饮食、旅行、学习等趣事的照片。

 活动过程

一、教师引导幼儿回忆新年里的趣事

1. 相互交流过年感受。

教师：小朋友们都过了一个愉快的春节。新年里你做了什么，玩了什么呢？

2. 个别幼儿交流。

（1）谈谈新年里的生活情况（饮食、游戏、学习等）。

（2）说说新年趣事。在新年里，你遇到了哪些有趣的事情？

（3）讲讲外出游玩的见闻。很多小朋友在新年里都和爸爸妈妈外出旅游了，在旅行中你又看到了哪些好玩的事情呢？

二、幼儿绘画新年趣事

1. 提问：新年里发生的哪一件事让你最开心，最难忘呢？

2. 教师提出绘画要求（构图、用色、画面丰富）。

3. 幼儿绘画，教师巡回指导。

三、幼儿讲述自己的趣事，介绍画面内容

1. 个别幼儿讲述自己的作品。

2. 同伴之间互相交流自己的新年趣事。

3. 幼儿点评：你最喜欢谁的作品，为什么？

4. 教师对幼儿的绘画进行点评并小结。

 活动延伸

作品展：新年趣事。

活动 5　我的压岁钱

 活动目标

1. 愿意说说自己压岁钱的分配计划，语言表述连贯、有重点。

2. 尝试探索以绘画和文字等形式记录压岁钱的分配情况，养成做事有计划的好习惯。

3. 理解压岁钱的寓意并体验亲情。

 活动准备

1. 幼儿完成"我的压岁钱"调查表。

2. 柱状图大统计表一张。

 活动过程

一、教师初步了解幼儿收到压岁钱的情况，引导幼儿谈谈压岁钱的意义

1. 提问：你收到压岁钱了吗？谁给你的压岁钱？

2. 提问：为什么过年时长辈们要给小朋友压岁钱？

3. 教师引导幼儿说说压岁钱的用处。

（1）幼儿交流讨论。

（2）教师概括幼儿发言，提问：你们觉得这样用压岁钱合理吗？为什么？

（3）幼儿自由讨论并在集体中大胆表达自己的想法。

（4）教师引导幼儿自由表述自己的想法，知道每个人对于压岁钱都应该有自己的计划。

（5）提问：怎样花压岁钱才合理呢？（教师根据幼儿的讲述在柱状图大统计表上进行统计）

（6）提问：你觉得哪些想法比较好？为什么？（教师帮助幼儿根据统计表梳理想法，引导幼儿合理支配自己的压岁钱，养成不乱花钱的好习惯）

（7）提问：你有什么新的计划？（教师引导幼儿合理调整自己的压岁钱使用计划，尽量把压岁钱花在有意义的事情上）

二、幼儿制订"我的压岁钱"计划

幼儿再次说说自己重新制订的计划，进一步养成做事有计划、从小节俭的好习惯。

 活动延伸

在班级设立"计划站"区角，幼儿可以将自己制订的计划存放在计划站，当有新的计划时可以在那里设计自己的新计划，可以是阅读计划，可以是交朋友计划，也可以是帮助妈妈做家务等。这样幼儿就可以自己发挥独立性，自主分配时间、计划自己的生活。

活动6 春联的秘密

 活动目标

1. 初步了解春联的文化内涵及基本特征。

2. 在教师的引导、帮助下，尝试理解并诵读一些内容、结构简单的春联，初步体验春联的声律美。

3. 喜欢与同伴大胆交流、合作探索，获得有关春联的经验。

 活动准备

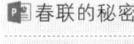 春联的秘密

1. 春节期间买春联、贴春联、收集春联，积累有关春联的经验。

2. 记录表每组一张（包括春联的形状、颜色、字数、张贴位置等），"春联的秘密"PPT。

活动过程

一、感受贴春联时欢庆热闹的气氛，自由讲述对春联的认识

教师播放人们过年贴春联的场景并提问：他们在干什么？人们会在什么时候贴春联？为什么？你在哪里看到过春联？

二、观看PPT，了解贴春联这一风俗的由来

三、到"春联世界"欣赏各种春联，产生探索春联秘密的兴趣

四、探索春联的基本特征

1. 幼儿小组合作，自由探索，完成记录表。

2. 幼儿交流与讨论，教师结合PPT适时帮助幼儿总结经验。

（1）用来写春联的纸是什么形状的？（长方形）

（2）春联是什么颜色的？为什么写在大红纸上？（中国人喜欢红颜色，红颜色代表喜庆、祥和）

（3）春联上的字是什么颜色的？

（4）一副春联分成几部分？（上联、下联、横批）它们分别贴在哪里？（上联贴在门的右边，下联贴在左边，门楣上贴横批）

（5）上联和下联的字数一样吗？一般有几个字？（常见的多为五个字或七个字）

五、尝试认读、理解春联内容

教师出示几副内容、结构简单的春联，启发幼儿认读、理解并朗诵，初步感受春联的声律美。例如："春回大地，福满人间""梅开春烂漫，竹报岁平安""艳阳照大地，春色满人间""处处春光好，家家气象新"等。

六、布置主题墙"中国的春联"，加深对春联的认识

附记录表

春 联 记 录 表

春联的形状	春联的颜色	春联的字数	张贴的位置

活动7 挂 灯 笼

活动目标

1. 认读加减法算式题，理解"＋""－""＝"以及算式中三个数字的实际意义。

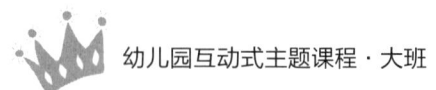
2. 观察比较灯笼的不同特征，根据观察结果列出相应的加减法算式。

3. 积极探索数学活动，乐于讲述探索过程。

 活动准备

"挂灯笼"的PPT，操作纸、铅笔、水彩笔人手一份。

 活动过程

一、拍手问答，复习7的组成

二、学习7的加法

1. 谈话引入：在中国的许多节日里，大家都喜欢挂灯笼，红红火火，特别热闹。小朋友也剪了许多漂亮的红灯笼，我们一起来看一看，它们有什么不一样的地方。

2. 幼儿观察每串灯笼不一样的地方，列出相应的加法算式。

例如：院子里挂了六个灯笼是黄色的穗，还有一个是橘黄色的穗，那一共有几个灯笼？可得出6+1=7，并请幼儿根据这个加法算式列出另一道加法算式：1+6=7。

3. 幼儿以同上方法观察每串灯笼的不同，得出5+2=7，2+5=7，3+4=7，4+3=7。

三、学习7的减法

1. 提问：大红灯笼挂起来了，一共7个灯笼，挂起来了1个，还有几个没挂起来？（幼儿得出减法算式：7-1=6，7-6=1）

2. 幼儿以同上方法观察得出其余减法算式：7-2=5，7-5=2，7-3=4，7-4=3。

四、认读7的加减算式

五、游戏：大红灯笼连连看

将左侧灯笼上的算式和右侧灯笼上的答案相匹配，进行连连看游戏。

六、操作练习：涂色列算式

幼儿观察每串灯笼有几只是没有涂色的，在每串灯笼下面列出相应的算式后给灯笼涂色。

 活动延伸

生活中的算式题：思考"6+1=7"还可以表示以及帮助我们解决生活中的哪些问题。

活动8　制作年货

 活动目标

1. 创新、大胆地运用各种可再利用的材料制作年货。

2. 能用多种工具、材料表达自己的感受和想象。

3. 在制作的过程中与同伴共享材料和活动空间，感受成功的喜悦。

 活动准备

1. 废旧材料、纸盒、罐子、剪刀、胶带、胶水、蜡笔人手一份。

2. 辅助材料：吹塑纸、皱纹纸、蜡光纸、卡纸。

 活动过程

一、谈话导入

1. 提问：过年时，爸爸妈妈为家里准备了丰富的年货，买了各种各样的好吃的，都有什么呢？

2. 幼儿分组讨论。

3. 个别幼儿进行讲述，教师补充。

二、回忆在年货市场里看到的景象以及各种各样的年货，并用"有……有……还有……"的句式描述

小结：新年到了，家家户户都要办年货，准备过年。年货市场里有吃的，有喝的，还有用的，各种各样的年货非常齐全。

三、自选材料制作年货产品，并用辅助材料进行装饰

四、将制作好的"年货"放在活动区进行展示，未完成的继续补充制作

 活动延伸

将制作好的"年货"放进超市的区角中，开展"买年货"的活动。

活动9 办 年 货

 活动目标

1. 通过看看说说，了解过春节人们购年货的习俗。

2. 尝试用7元钱购买年货，初步学习"钱币"的换算。

3. 体验购买年货的快乐，对过新年充满期待。

 活动准备

幼儿收集的各种食品包装袋，自制5元、1元面值钱币人手一份，布置好年货市场。

活动过程

一、谈话导入

教师：小朋友们想一想，过年时爸爸妈妈带你们买过什么年货呢？你在哪儿买的年货？

二、尝试用钱币购买年货

教师：这里有什么？它们分别是多少钱？（出示1元、5元的钱币，巩固幼儿对钱币的认识）

三、购买年货

1. 教师为每名幼儿准备7元钱，幼儿用7元钱到超市购买年货。

2. 幼儿自行分配角色，进行"年货市场"的活动。部分幼儿扮演商贩，在摊位内摆放制作的货物做买卖之用，如小鱼5元、鞭炮2元、春联1元等，在所有物品上标上单价；部分幼儿扮演顾客，按货物价格用自制的钱币购买年货。

四、介绍自己所购的年货

1. 幼儿自由交流自己所购的年货。

2. 教师请个别幼儿讲述用了多少钱，买了什么年货。

 活动延伸

1. 幼儿跟爸爸妈妈一起到超市，再次尝试用7元钱购买自己想要买的东西。

2. 在区角内继续进行此活动。

活动10 金蛇狂舞

 活动目标

1. 倾听音乐《金蛇狂舞》，感受乐曲ABA的曲式结构及音乐热烈欢腾的气氛，在图谱的引导下尝试运用舞龙灯和敲锣打鼓的动作进行表现。

2. 在配乐儿歌朗诵的帮助下，学习用身体动作进行即兴表演，体验B段乐曲的对话呼应结构和逐步缩短的乐句结构。

3. 在欢快的乐曲声中，感受表演的乐趣，萌发对民族音乐的喜爱之情。

 活动准备

1. 舞龙和敲锣打鼓的视频，《金蛇狂舞》图谱。

2. 绸子、腰鼓、卡纸、剪刀、空白长龙的图样。

 活动过程

一、回忆过新年的情景

1. 提问：小朋友们刚过完新年，你们觉得新年里最热闹的事情是什么？

2. 幼儿交流。

教师：新年里，人们敲起了锣，打起了鼓，舞起了龙灯呢！

二、完整欣赏乐曲，初步了解乐曲内容和三段体结构

1. 完整欣赏乐曲。

教师：今天老师带来了一首新年乐曲和你们一起分享。

教师：听了这首曲子，你的感觉怎么样呢？

教师：这首欢快热闹的乐曲名称叫《金蛇狂舞》，讲述了人们过年时舞龙舞狮子、敲锣打鼓的欢乐情景。

2. 再次完整欣赏并思考：曲子一共有几段，哪些段落是一样的。

3. 幼儿完整欣赏乐曲，教师指着图谱提示幼儿感知三段内容的变化。

三、尝试创编动作表现音乐

1. 在图谱的提示下欣赏、表现第一段乐曲。

（1）欣赏第一段：现在我们一起来看看，人们是怎样舞龙灯的？

（2）个别幼儿交流、演示舞龙灯动作和情景，重点学习用手臂表现舞龙灯的姿态。

（3）全体幼儿共同手举红绸排成一条长龙，随音乐扭摆前行表演舞龙，教师提醒幼儿不挤、不断、不随意碰撞。

2. 欣赏、表现第二段乐曲。

（1）看图谱，欣赏第二段：我们以前学过一首儿歌《闹新春》，你能跟着第二段音乐把儿歌念出来吗？

（2）幼儿分成两组，将每一长句儿歌分成上下两句，随音乐一组念上句、一组对下句，最后的锣鼓节奏一起念。

（3）在音乐中，一组幼儿做敲锣动作、一组做打鼓动作进行对答，注意体态、表情等。

3. 完整欣赏、表现乐曲。

（1）幼儿完整欣赏乐曲，教师梳理乐曲内容。

（2）随音乐完整表演：第一段音乐时舞龙灯，第二段音乐时两组幼儿对念儿歌并表演敲锣打鼓，第三段音乐时继续舞龙灯。结束句时教师说"一二三四五六七"，所有幼儿一起站定说"锵锵锵"，并将双手高举过头顶表示结束。

（3）重点练习结束句动作，再次完整表演，突出乐曲传达的欢乐气氛。

活动11 狮龙庆新年

活动目标

1. 通过操作观察，探索9的加法。
2. 根据游戏中事情发展顺序和相关数量，创编加法应用题。
3. 在游戏中感知加法的意义，体验在生活中运用数学的乐趣。

活动准备

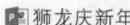

"狮龙庆新年" PPT，算式本、笔人手一份。

活动过程

一、提问导入

教师：小朋友们看过狮龙共舞吗？今天老师就带大家去看看狮龙是怎样庆新年的。

二、操作图片，感知和理解9的加法

1. 教师出示PPT，提问：看！来了几头狮子，又来了几条龙？一共来了多少？（幼儿尝试说出加法算式"8+1=9"，师幼共同记录）

2. 教师继续出示PPT，以同上方法引导幼儿观察，并得出相应加法算式，师幼共同记录。

三、分享记录结果，根据游戏中事情发展的顺序和相关数量提出加法应用题的问题

四、个别幼儿用完整的话出题，其他幼儿列出相应的加法算式

五、以应用题的形式和同伴分享，并共同列出正确的算式

六、小结

1. 教师帮助幼儿理解加法的意义。
2. 幼儿认读加法算式。

路径三 十 二 生 肖

活动1 十二生肖歌（一）

活动目标

1. 结合图片理解并记忆儿歌，了解十二生肖的排位顺序。
2. 尝试有节奏地学说儿歌，感受儿歌的韵律美。
3. 乐意参与儿歌表演活动，知道十二生肖是中国特有的民俗文化。

活动准备

1. 幼儿熟悉十二生肖的名称、排列等相关知识。
2. 十二生肖的图片一套。

活动过程

一、初步完整感知儿歌，了解儿歌里有哪些小动物

1. 整体感知儿歌内容。

教师：马上就要过新年了，我邀请了一群小动物来和我们一起庆新年。请你们听一听，我邀请了谁。

2. 再次倾听儿歌。

教师：一共有几种动物？你熟悉这几种动物吗？这首儿歌就叫《十二生肖歌》。

二、分段理解记忆儿歌

1. 幼儿理解、记忆儿歌第一段。

教师：十二生肖里的小动物们想和我们做游戏，先来了四只小动物和我们做游戏，请听一听，都有谁，谁先来的，它做了什么样的动作。

2. 同上方法理解和记忆儿歌第二段、第三段。

3. 教师借助游戏"捉迷藏"帮助幼儿记忆儿歌内容，可以根据幼儿的理解一下藏起两个或更多的动物。

三、完整学说儿歌

1. 在图片的提示下，尝试完整说儿歌。

2. 尝试用多种形式说儿歌。

四、欣赏《十二生肖歌》，尝试随着音乐一起表演

附儿歌

十二生肖歌

小老鼠打头来，牛把蹄儿抬，

老虎回头一声吼，兔儿跳得快。

龙和蛇尾巴甩，马羊步儿迈，

小猴机灵蹦又跳，鸡唱天下白。

狗儿跳，猪儿叫，老鼠又跟来，

十二动物转圈跑，

请把顺序排——啊，请把顺序排。

活动2 十二生肖歌（二）

活动目标

1. 在学说儿歌的基础上学唱歌曲，能记准歌词，初步跟唱。

2. 用自然的声音、诙谐的情绪演唱歌曲。

3. 积极愉快地参加歌唱活动，体验表演的乐趣。

活动准备

《十二生肖歌》歌曲视频、十二生肖顺序卡。

活动过程

一、复习儿歌

二、学唱歌曲

教师：这些动物们都被选上当十二生肖了，可高兴了。它们请了一位歌唱家帮忙写了一首歌庆祝一下，我们一起来听听吧！

1. 教师清唱歌曲。

2. 幼儿看十二生肖顺序卡，尝试跟唱。

3. 幼儿看十二生肖顺序卡，完整跟唱。

4. 进行游戏"找生肖"：教师把十二生肖卡中的一张藏起来，幼儿寻找，找到什么动物就演唱该动物的乐句。

5. 幼儿跟着钢琴完整歌唱，可以自由为小动物配动作。

6. 幼儿跟着视频，配动作演唱。

7. 幼儿扮演角色进行演唱。

活动延伸

在表演区投放十二生肖的卡片，幼儿进行表演。

活动3　十二生肖

活动目标

1. 知道十二生肖是中国人的属相，十二生肖每十二年循环一次。
2. 了解十二生肖中所包含的动物及排列顺序。
3. 乐意大胆地表达自己的想法。

活动准备

1. 幼儿调查过自己家人的生肖。
2. 十二生肖玩偶一套，大汇总表一份。

活动过程

一、故事导入：十二生肖

1. 个别幼儿练习生肖排序。

2. 师幼共同检查幼儿操作情况。

（1）复习十二生肖排列的顺序。

教师：鼠的后面是谁？虎排在第几？羊的前面是谁？马的前面和后面分别是谁和谁？猪的前面和后面是谁和谁？

（2）小结：我们知道了十二生肖是按固定顺序排列的。

3. 幼儿了解年与生肖的关系。

（1）你属什么？是什么年生的？

（2）每一年都有一个生肖，今年是什么年，出生的宝宝属什么？

（3）明年是什么年？出生的宝宝又属什么呢？

（4）小结：原来生肖与年有关系，狗年出生的属狗，龙年出生的属龙……生肖只有我们中国人才有，外国是没有的。

二、操作统计

1. 交流各自的家庭生肖调查表。

（1）提问：你家里都有谁？他们属什么？

（2）幼儿出示自己的调查表，和同伴互相说一说自己的调查结果。

（3）个别幼儿分享自己的调查表。

2. 教师出示汇总表，引导幼儿统计出每种属相的人数。

区 域 设 置

主题五"新年习俗多"区域设置

区域名称	区 域 材 料	具 体 活 动
科学区	1. 台历、铅笔、记录单 2. 地球仪、世界地图 3. 彩纸、彩笔 4. 正方体、长方体纸盒，铅笔、记录单	1. 观察台历，进一步了解年月日的概念，记录观察的结果 2. 观察地球仪、世界地图 3. 绘制倒计时牌 4. 观察正方体、长方体纸盒，发现相同和不同之处，并进行记录
表演区	1.《金蛇狂舞》音乐、图谱、乐器 2. 十二生肖手偶、音乐《十二生肖歌》	1. 表演打击乐《金蛇狂舞》 2. 演唱歌曲《十二生肖歌》
语言区	十二生肖图	讲述十二生肖的故事
主题墙面	1. 将幼儿收集的"外国人怎样过年"图片制作成主题墙 2. 幼儿参观邮局，寄贺卡拍成照片布置主题活动墙 3. 幼儿和教师一起，用自己制作的窗花与拉花共同布置教室 4. 将"自助餐"活动过程拍成照片制作成主题墙 5. 展示幼儿的计划储蓄表 6. 展示幼儿收集的"春联"图片 7. 展示班级幼儿生肖表格	

下学期

主题课程方案

ZHUTI KECHENG FANGAN

主题六

我的家乡我的家

主题说明

随着经济的发展，我国的国际地位日益提高，与此同时，各种优秀传统文化也对世界文化发展产生了深远影响。在这样的环境下，传统文化教育的优势和重要性更加凸显。结合《指南》精神，幼儿园开展了大班主题活动"我的家乡我的家"，涵盖了"我爱妈妈""我爱家乡的小树""我爱家乡的烩面""我爱少林寺""我爱黄河"等内容，旨在通过精彩的课程体验，从感悟身边亲情入手，过渡到启迪幼儿关注民族文化，逐渐去体会家乡的特色之美，以及祖国强大所带来的自豪、振奋之感，使幼儿从小爱延展至大爱，内心产生强烈的归属感，从喜欢并适应幼儿园的群体生活到坚定其作为中国人的民族信仰，真正使我们的教育在幼儿内心奏起爱的协奏曲。

主题目标

1. 感受父母对自己无微不至的照顾，尝试用多种方法来表达对亲人的关爱。

2. 了解河南特色美食烩面的制作过程，品尝其美妙口味，萌发爱家乡的情感。

3. 观察、了解幼儿园和社区里绿化植物的名称、外形特征以及习性，萌发对家乡的热爱。

4. 初步了解少林功夫，产生浓厚的兴趣。在练习武术的过程中，发展动作的协调性，深刻感受中华传统武术的魅力，增强民族自豪感。

5. 对黄河产生求知欲望，与教师一起综合运用各种方法来进行探究，从而获得对黄河的初步认识。理解自然环境与人们生活的密切关系，建立初步的环保意识。

路径一　我　爱　妈　妈

活动1　绘本《有一天》

 活动目标

1. 能够专注地阅读图书。
2. 结合绘本故事，讲述妈妈对自己的爱。
3. 尝试理解别人对自己的关爱。

 活动准备

 有一天

1. 绘本《有一天》PPT。
2. 绘本、水彩笔、绘画纸人手一份。

 活动过程

一、自主阅读绘本

1. 教师以分组传送的方式发放图书。
2. 教师同幼儿一起专注阅读，共同分享快乐阅读时光。

二、结合生活经验，自由讲述对绘本画面的理解

1. 幼儿选择自己喜欢的页面与同伴互相交流，讲讲自己对画面的理解。
2. 个别幼儿结合自己的生活经验谈谈对画面的理解。
3. 针对幼儿的回答，教师帮助幼儿整合自己的语言，鼓励幼儿完整流畅地表述。

三、集体阅读

1. 教师运用PPT带领幼儿集体阅读（教师点读汉字）。
2. 教师结合幼儿的理解情况，针对个别页面引导幼儿仔细观察，分享对画面的理解，尝试理解他人对自己的爱。

　　教师：你从哪一页看出来妈妈很爱孩子？

3. 教师鼓励幼儿依据画面大胆推测、想象故事情节的发展。
4. 幼儿尝试用一句话表达对妈妈的爱。

四、画一画

幼儿尝试用图画的形式表达妈妈对自己的爱（可以同伴合作）。

活动延伸

幼儿回家对妈妈说一句甜蜜的话，家长记录在爱心卡上，第二天带到幼儿园，制作爱心展板。

活动2　不再麻烦好妈妈

 活动目标

1. 学唱歌曲，能按节拍唱出节奏中休止符后的歌词部分。
2. 探索歌曲前后两部分不同的表现手法，学习为歌曲创编新词。
3. 能够有序、连贯、清楚地讲述自己的看法，感受独立做事的快乐和自豪。

 活动准备

音乐《不再麻烦好妈妈》。

 活动过程

一、谈话导入

1. 教师引导幼儿谈谈在家做事的情况。

教师：小朋友在家里哪些事情是自己做的，哪些事情还要妈妈替你们做呢？

2. 教师邀请个别幼儿在集体中有序、连贯、清楚地讲述自己在家做事的情况。

3. 小结：小朋友有这么多事情都不再麻烦妈妈了，真是爱妈妈的好孩子。

二、学唱歌曲《不再麻烦好妈妈》

1. 教师清唱歌曲，幼儿欣赏。

教师：有一首歌名字就叫《不再麻烦好妈妈》，我们一起来听一听吧！

2. 幼儿回忆歌词内容，理解歌曲。

教师：你在歌曲中都听到了什么？

（1）教师用身体动作表示出| ✕ ✕　 〇 ✕ |的节奏型，然后请幼儿尝试用不同的身体部位表示出| ✕ ✕　 〇 ✕ |的节奏型。

教师：小朋友，刚刚老师用拍手、拍腿的动作表示了这个好听的节奏，你们也来试一试，用不同的身体部位来打一下这个节奏型。

（2）幼儿用身体按节拍表示出休止符的节奏型。

三、探索歌曲前后两部分不同的表现手法

1. 教师启发幼儿分析这首歌曲中所表现的情感，共同讨论怎样唱这首歌。

2. 提问：你们已经长大了，自己的事情能自己做，心里感到怎么样？想一想，应该

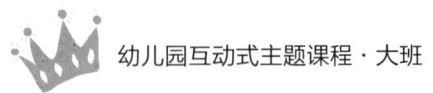

用什么情绪来唱这部分歌词？（自豪、欢快的）

3. 提问：最后两句是说你们不愿意再麻烦好妈妈，而且表示了对妈妈的爱。想一想，应该用什么唱法来唱这两句歌词？（连贯、抒情的）

四、表演歌曲

教师鼓励幼儿边唱边做简单的动作表现歌曲内容，并请几名幼儿用简单的动作来为大家表演一下这首歌曲。

五、创编歌词

教师启发幼儿想想自己还会做哪些事情，请每名幼儿说出一件事情，然后请四名幼儿领唱。

 活动延伸

1. 依据幼儿收集到的资料，师幼共同创设"爱妈妈"主题展板，关注收集的过程和结果，发现多种关心妈妈的方式方法。

2. 在美工区提供绘画工具，幼儿自制图书《我会做……》。

活动3 美丽的花朵

 活动目标

1. 通过欣赏花卉作品，尝试用团、搓、压、组合的方法动手制作花朵。
2. 尝试用饱满的构图表现自己喜欢的单朵花卉。
3. 在动手制作中能发现花的结构，体验动手探索的乐趣。

 活动准备

1. 幼儿有观察花卉的经验。
2. 各种颜色的纸黏土每组一份，吸管人手2根，各种花卉图片。

 活动过程

一、教师提出问题

教师：小朋友们，你们喜欢花吗？你们见过什么花？

二、欣赏花卉图片，感知色彩与造型的美

教师：老师这里有许多漂亮的花卉图片，我们一起来看一看。（教师播放花卉图片，幼儿进行观察。通过提问，引导幼儿从形状、色彩、大小等方面进行观察）

教师：这里有几朵花，它们的形状颜色各不相同，你喜欢哪一朵？为什么喜欢这朵花

呢？（幼儿也可以说图片上没有的花）

教师：花的品种有很多，每种花的颜色、大小、形状不一样，它们的生长季节也不同。但是，每朵花都是由花冠（花瓣、花蕊、花蒂）、花茎、叶组成的。

三、制作美丽的花

教师：今天我们就来动手制作自己喜欢的花。

教师展示自己做的花供幼儿观赏，幼儿设计制作自己喜欢的花。在遇到困难时，教师引导幼儿请教别人并在同伴的帮助下完成作品。

四、欣赏评价

幼儿展示自己的作品，与同伴互相欣赏评价。

活动4　鲜花专卖店

活动目标

1. 通过分鲜花游戏，感知10的分解与组成，基本掌握10的9种分法。
2. 会用数字准确地记录分鲜花的结果，分一次记一次。
3. 体会生活中处处有数学，感受学习数学的乐趣。

活动准备

1. 每组10朵花和2个花瓶。
2. 每个幼儿1支铅笔和1张记录单。

活动过程

一、进行游戏"我问你答"，复习9的组成与分解

教师：小朋友我问你，9可以分成1和几？

幼儿：老师我告诉你，9可以分成1和8。

……

二、操作探索并记录结果

1. 教师引出任务：这些是小朋友一起制作的美丽的花，今天我们把这些鲜花插到花瓶里去吧！

2. 幼儿分组合作：小组内每个人轮流分花朵，并共同记录。

教师：把10朵花分别插在2个花瓶里，并用分合式记录下来，试试看，你能得到几种分法？

3. 幼儿自由操作并记录结果，教师提醒幼儿分一次记一次。

三、展示交流

1. 个别幼儿讲述自己的操作结果。

2. 教师归纳幼儿的分法，总结出10的9种分法。

3. 幼儿认读10的分合式。

四、观察分合式，发现其中的规律

1. 总数与部分数的关系。

2. 递增、递减规律。

3. 部分数互相交换，总数不变的规律。

五、游戏

1. 拍手游戏：碰球。

2. 音乐游戏：数字宝宝找朋友。

六、书写"10"的分合式

活动5 制 作 花 瓶

活动目标

1. 观察了解花瓶和花朵的外形特征。

2. 尝试运用卷、剪、粘等技巧制作花朵和花瓶，并装饰花瓶。

3. 乐意在探索的过程中积极思考，克服困难，体会成功的快乐。

活动准备

制作花瓶

各色纸黏土、吸管、纸筒、纸板、小筐每组一份，花瓶图案的PPT。

活动过程

一、谈话导入

教师：今天是3月8日妇女节，我们为妈妈做一份礼物吧。

二、观察花朵并了解其外形特征

教师：今天老师带来了一些花朵，请小朋友看一看花朵的颜色和形状。

1. 个别幼儿说一说自己观察的结果。

2. 教师提供材料，幼儿尝试制作花朵。

三、尝试制作并装饰花瓶

1. 教师出示纸筒，激发幼儿制作花瓶的兴趣。

教师：小朋友做的花朵真漂亮啊！我们来为这些花制作一个漂亮的花瓶吧。

2. 教师出示PPT，幼儿欣赏美丽的花瓶图案。

3. 教师提供多种材料，幼儿制作并装饰花瓶，教师巡回指导。

4. 幼儿将花朵插入花瓶。

四、欣赏作品，预想见到妈妈时送上的甜蜜祝福

五、收拾桌面

路径二　我爱家乡的小树

活动1　家乡的小树

 活动目标

1. 观察、了解幼儿园、社区绿化植物的名称、外形特征以及习性。

2. 能够与同伴分工，合作为小树制作标志牌。

3. 萌发对植物的热爱。

 活动地点

幼儿园前院与后院、社区。

 活动准备

1. 提前按照班级划分好幼儿园内的区域及社区树木。

2. 记录纸、笔人手一份。

 活动过程

一、谈话导入

教师：你知道幼儿园、社区都有什么树吗？我们一起到院子里看一看吧！（幼儿带上记录纸和笔）

1. 师幼互动交流每种树木的外形特征，了解树木简单的习性和特征。

2. 幼儿在记录纸上用绘画的形式进行简单的记录。

二、回到班级，为所观察的树木做标志牌

教师：今天我们认识了幼儿园、社区里的树，可是中班、小班的弟弟妹妹们还不知道，怎么办呢？（提出做标志牌的建议）

幼儿以小组为单位，合作制作并装饰标志牌（剪贴装饰、标注拼音等）。

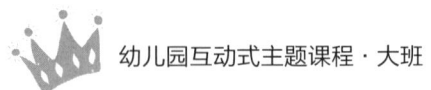
三、户外活动时间为小树挂上标志牌

四、集体与小树合影留念

活动2 数 树

活动目标

1. 了解幼儿园树木的种类及数量，尝试用数字、图画、图表或其他符号进行记录。

2. 发现生活中许多问题都可以用数学的方法来解决，体验解决问题的乐趣。

3. 在活动中能与同伴主动商量，大胆地说出自己的想法。

活动准备

记录单、笔、剪刀、双面胶人手一份，教师统计表一张。

活动过程

一、谈话导入

教师：上次我们一起观察了幼儿园的树，你还记得都有什么树吗？

教师：一共有多少棵树呢？怎样才能知道？

二、到院子里数树

幼儿结伴在幼儿园（指定场地）数树，并尝试记录树木的数量。

三、遇到问题，积极动脑想办法

1. 幼儿和同伴交流并提出问题（每组幼儿数得不一样）。

教师：到底谁数得对呢？怎样才能数得准确，不漏数也不重复数呢？

2. 幼儿与同伴商量、交流准确点数的方法。

3. 幼儿用自己想到的方法或参考同伴的建议再次点数（教师注意观察并拍照）。

四、再次记录

教师：你发现幼儿园有几种树？每种树有几棵？请你和好朋友一起数数，并在记录单上记录下来。

五、回到教室分享记录结果

1. 幼儿分享自己的记录结果。

2. 教师出示统计表，根据幼儿的观察结果进行统计。

3. 教师根据幼儿的记录和统计表，总结幼儿园（某区域）一共有多少棵树，共有几种树种，某种树有多少棵等。

活动3 小树量一量

 活动目标

1. 了解幼儿园里的树，萌发对树木的关爱。
2. 掌握正确的自然测量方法。
3. 探索用不同自然物测量树干的粗细，知道量具的长短与测量的结果有关。

 活动准备

1. 示范纸、笔、记录单。
2. 各种测量工具：木棍、筷子、绳子、纸条、布条、毛线等。

 活动过程

一、激发幼儿兴趣

教师组织幼儿来到小花园，向小树问好。

二、学习正确的测量方法（第一次尝试活动）

1. 目测：小树的树干有多粗呢？（幼儿讨论）
2. 引出测量：我们用木棒来量一量，好吗？
3. 幼儿尝试测量，教师指导，提醒幼儿在测量时对小树要有礼貌，小心测量。
4. 分享：你是用什么来测量树干的？（教师简单小结）
5. 幼儿再次以正确的方法测量，教师进行个别指导，并记录幼儿测量的结果。

三、探索量具长短与测量结果的关系（第二次尝试活动）

1. 幼儿自由选择不同长度的量具，测量同一棵树干的粗细。
2. 幼儿讨论：测量同一棵树，用怎样的工具测量次数多？用怎样的工具测量次数少？
3. 得出结论：测量同一棵树，工具越长量的次数越少，工具越短量的次数越多。

四、自由选择工具进行测量（第三次尝试活动）

1. 幼儿自由选择量具为小树测量，并互相交流测量结果。
2. 教师个别指导。

 活动延伸

用自然测量的方法测量活动室内的物品。

路径三 我爱家乡的烩面

活动1 烩面的由来

 活动目标

1. 理解故事内容，了解烩面的由来。

2. 初步了解烩面的做法、种类、营养价值，知道合理的食物搭配能使我们的身体变得更健康。

3. 了解河南文化，喜爱家乡的美食，萌发热爱家乡的自豪感。

 活动准备

幼儿搜集吃烩面的照片，烩面图片。

 活动过程

一、欣赏河南烩面图片

教师：这是我们河南的美食，你吃过吗？

二、回忆吃烩面的经历

教师：你在哪里吃过烩面？和谁一起？

三、通过故事了解烩面的由来

教师：请小朋友听一听，这是关于什么的故事？发生了什么事？

四、了解烩面的做法、种类、营养价值

1. 提问：那你知道郑州哪些烩面馆比较有名吗？（合记、萧记等，幼儿欣赏烩面馆图片）

2. 提问：你知道烩面都有哪些口味吗？（羊肉烩面、牛肉烩面、三鲜烩面、五鲜烩面等）

3. 提问：你知道做烩面需要哪些食材吗？（汤、面、配菜等）

4. 提问：大家为什么喜欢吃烩面？（说一说烩面的营养价值）

5. 小结：烩面是河南特色美食，有着悠久的历史。它是一种荤、素、汤、菜、饭兼而有之的传统风味小吃，以味道鲜美、经济实惠享誉中原，遍及全国。烩面按配料不同可分为羊肉烩面、牛肉烩面、三鲜烩面等。荤素搭配，营养健康。我们的家乡除了烩面这种美食之外，还有很多好吃的东西。我们的家乡真好，我爱我们的家乡河南。

烩面的由来

抗战时期，日军飞机经常空袭郑州，当时有一位名厨叫赵荣光，特别喜欢吃面食。飞机来了，赵师傅就要躲飞机，回来后，就把剩下的面条加点羊肉汤烩烩再吃。久而久之，赵师傅发现重新烩过的面也很好吃，就潜心研究，在里面放些盐、碱，使之更筋道。这样做出的面别有一番风味，后来就成了风靡一时的风味美食。

活动2 面 粉

 活动目标

1. 知道小麦是粮食作物，面粉是由小麦磨成的，粮食通过加工可以制作出各种食品。
2. 初步了解小麦的生长过程及面粉与人们生活的密切联系。
3. 尊重农民的辛勤劳动，懂得珍惜粮食。

 活动准备

面粉制成的各种食品的PPT，歌曲《大馒头》，每组一碗面粉、一碗水、一双筷子。

 活动过程

一、谈话导入

1. 提问：我们知道郑州有一种美食叫作烩面，你们知道烩面是用什么做的吗？（面粉）面粉是从哪里来的？（小麦）

2. 幼儿回忆生活中用面粉制成的食物。

教师：在家里，你见过妈妈用面粉做过哪些食物呢？（面条、馒头、饺子、饼干等）

二、通过看、闻、摸感知面粉的特征

教师：老师也给大家带来了一些面粉，我们一起看一看吧！

1. 幼儿自由探索白白的、滑滑的面粉。

2. 幼儿尝试在面粉里加水，发现面粉的变化。

（1）提问：小朋友们猜一猜，在面粉里加入水之后会变成什么样子呢？（变得很黏，像面糊……）

（2）提问：这些面糊可以干什么？（摊鸡蛋饼、做面汤）

（3）教师和幼儿一起小结面粉的特性：面粉是用小麦磨出来的，白白的，摸起来滑滑的，遇到水后还会变得黏黏的。

三、观察各种面粉制品，了解面粉的用途

教师：面粉可以做出各种好吃的食物，我们一起来看一看。

小结：面粉是一种很有营养的食材，能帮助小朋友变得强壮，并且可以制作成各种各样的美食，是我们生活中必不可少的。

四、欣赏歌曲《大馒头》，懂得爱惜粮食，体验农民伯伯的辛劳

教师：面粉可以做成这么多好吃的食物，今天老师给小朋友带来了歌曲《大馒头》，我们一起来听一听。

1. 幼儿跟唱1～2遍歌曲。

2. 小结：小麦是农民伯伯付出辛勤劳动和汗水换来的，我们要珍惜农民伯伯的劳动成果，要爱惜粮食，不剩饭，不掉饭粒。

五、自然结束活动

教师：面粉可以做这么多好吃的东西，是怎么做出来的呢？请你们回到家后和爸爸妈妈一起做一做！

 活动延伸

区域中放置小麦生长过程的图片、麦秆工艺品，供幼儿了解、欣赏。

活动3　拉烩面（亲子活动方案）

 活动目标

1. 按照自己的意愿与同伴合理分工，尝试制作烩面，进一步熟悉烩面的制作流程。

2. 在制作中学习洗菜、切菜和拉面等简单的生活技能。

3. 产生对家乡烩面的喜爱之情。

 活动准备

1. 烩面坯：每班10～15片，活动前将每片面等分四份，每名幼儿一片。

2. 青菜、泡发好的木耳、黄花菜、豆腐皮、海带丝。

3. 不锈钢托盘每班两个，提前刷好一层油。

4. 盆各班自定，青菜组幼儿围裙5～6条。

5. 塑料锯齿小刀人手一把。

6. 活动前各班组织家长志愿者报名，并在活动前一天给家长开一个简短的会，向家长介绍本次活动的安排，请家长自由选择当天要做的工作，明确工作要求（重点注意幼儿的安全与卫生）。

7. 和保健室沟通当天食谱（全园吃烩面），和厨房人员交待食材用量及领取时间。

8. 生活老师于活动当天 8:30 将食材领取到班上。

9. 保鲜膜若干。

10. 幼儿已事先观看过烩面制作视频，初步了解烩面的制作过程。

活动地点

各班教室。

活动过程

一、8:30 将桌子摆成五组，铺上保鲜膜并将食材按组放好

二、9:10 活动开始，家长根据工作安排坐到相应的小组

三、教师带领幼儿回忆制作材料

教师：我们制作烩面都需要什么材料呢？（幼儿在前一天已经看过制作烩面的视频）

四、教师向幼儿介绍今天的工作安排，并且介绍每组的要求，幼儿根据自己的意愿选择相应的工作

五、幼儿认真洗净双手

六、家长带领幼儿开始工作

青菜组：教幼儿择洗青菜的方法，并提醒要清洗干净、节约用水、不弄湿衣袖。应先择，择后穿上围裙去盥洗室洗菜，之后切菜。

木耳组：去蒂切碎。

海带组：将海带切段。

千张组：重叠切丝。

黄花菜组：去蒂切碎。

七、配菜收整好后，每桌端上一盘烩面片，幼儿拉烩面，要求站在桌边拉，注意不掉落到地面上

八、配班教师带领家长志愿者将切好的菜与拉好的烩面送到厨房门口，由厨房人员拿进厨房进行加工

九、午餐时品尝制作的美味烩面，活动自然结束

活动4　美味的烩面

活动目标

1. 知道烩面是河南小吃，了解烩面的特色。

2. 能用多种材料大胆制作烩面、装饰烩面碗。

3. 积极参与活动，愿意交流、分享自己的作品。

 活动准备

1. 事先请家长带幼儿去吃烩面，有意识地引导幼儿观察烩面里有哪些配料，观察烩面碗的色彩和花纹的变化。

2. 做烩面的视频、烩面图片。

3. 一次性碗、白色海绵纸、彩泥、双面胶、水彩笔。

 活动过程

一、观察烩面图片

教师：小朋友们，你们知道这是什么吗？你们吃过吗？烩面是怎么做出来的？它都需要哪些材料？（引导幼儿说一说烩面里面有哪些配料）

二、探索烩面制作的方法和烩面碗的装饰

1. 观看视频：美味的烩面。

教师：我们来看一下，烩面是怎么制作的？

2. 讨论：怎样用彩泥做出里面的配料。

3. 观察烩面碗的色彩和花纹。

教师：好吃的烩面要用漂亮的烩面碗来装，才会让人更有食欲，我们来看看盛烩面的碗都有什么样式吧。

4. 幼儿绘画装饰一次性碗，制作烩面，教师巡回指导。

5. 幼儿展示交流自己的作品。

活动5　各种各样的烩面

 活动目标

1. 动手操作，探索10的加法算式，发现10有9道整数加法算式。

2. 能和同伴友好合作，并能用加法算式将操作过程记录下来。

3. 在操作过程中，练习口述加法应用题。

 活动准备

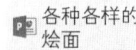

"各种各样的烩面"PPT，铅笔、记录本，每组一个空碗、一盘"手撕烩面"。

活动过程

一、进行游戏"水果拼盘"，复习 10 的组成与分解

二、主题导入

教师：烩面馆里有各种各样的烩面，猜一猜，我这一碗是什么烩面？（幼儿自由猜想）

三、通过探索发现 10 的 9 道加法算式

教师：今天我们来当小厨师，一起来下烩面。我先下了 1 片烩面，又下了 9 片烩面，我一共下了几片烩面？

教师：你是怎么算出来的？（引导幼儿列出加法算式）

1. 幼儿自由操作探索。

教师：我们一起小组合作下烩面，请你边下边说。一个小朋友下烩面，其他小朋友用加法算式把下烩面的过程记录下来，看看能得出几道加法算式。

2. 个别幼儿讲述自己的操作过程。

3. 教师归纳 10 的加法算式。

四、观察 10 的加法算式，发现交换规律

五、认读加法算式并书写

路径四　我爱少林寺

活动 1　古老的少林寺

 活动目标

1. 收集相关资料，初步了解少林寺。

2. 观看视频，初步了解少林功夫。

3. 在民族文化的熏陶下，产生作为河南人的自豪感。

 活动准备

古老的少林寺

1. 幼儿收集的关于少林寺的资料。

2. 少林寺的风景图片和少林功夫的视频，少林歌曲、展板，"古老的少林寺" PPT。

活动过程

一、主题导入

1. 教师引导幼儿交流自己收集的资料，分享对少林寺的了解。

（1）幼儿自由结伴，相互交流，分享自己收集的少林寺信息。

（2）部分幼儿在集体面前交流和展示，教师进行适时引导。

2. 小结：少林寺位于河南省郑州市登封境内嵩山脚下，是一座千年古刹，已经有1500年的历史，它形成了自己独特的文化，这里有山有水非常美丽，这里最有名的就是少林功夫。

3. 幼儿把图片粘贴在展板上。

二、观看PPT，进一步认识少林寺

1. 通过PPT，了解小和尚的一日生活。

教师：少林寺里都住着谁？他们都做些什么？

教师：少林寺里住着方丈和小和尚，他们每天都有许多工作要完成，其余的时间还要学习和练功，很辛苦。

2. 初步了解少林寺的主要建筑。

教师：少林寺里有很多建筑，你都知道哪些呢？

教师：少林寺的藏经阁里收藏了很多经书，兵器库里存放着各种各样的少林兵器，还有著名的塔林。塔林由历代高僧的墓塔组成，有砖石塔248座，这些塔形状各异，是中国现存最大的塔林。

3. 初步了解少林兵器。

教师：请你猜一猜，这是哪里？（兵器库）你知道少林兵器有哪些吗？

教师：少林兵器多种多样，有十八般少林兵器，有刀枪剑戟等，有的兵器很重，需要很大力气和强壮的体格才能很好地使用。

4. 观看PPT，师幼共同感受少林功夫的神奇。

（1）幼儿通过观看少林功夫的宣传片，进一步了解什么是少林功夫，以及少林功夫的多种多样。

（2）小结：少林武术是中国传统武术的重要组成部分。其中，"少林拳""少林棍"在我国武术史上占有重要的地位。最早的少林武术是为了驱走疲倦、抵御野兽、强身健体、保护寺院。后来，少林武术又成了抵御外敌侵略的功夫。学习武术可以强身健体，还可以以武会友。

三、初步了解少林寺享誉海内外，产生身为河南人的自豪之感

教师：你觉得少林功夫怎么样？你喜欢少林功夫吗？为什么？

教师：少林功夫闻名天下，吸引了许多国内外友人前来参观学习，郑州还举办了少林武术节，通过武术加强我国与其他国家之间的交流。

四、在乐曲声中尝试练习少林功夫

活动2　各种各样的兵器

 活动目标

1. 尝试根据总数和一个与之相关的数群，观察另一个数群，学习理解10的减法。
2. 根据画面内容提出问题，编解10的减法应用题，并用算式进行记录。
3. 感受数字的有趣。

 活动准备

1. "各种各样的兵器" PPT。
2. 铅笔、作业本人手一份。

 活动过程

一、参观武术队的兵器，萌发兴趣

二、观看PPT，学习理解10的减法

1. 教师播放PPT，提问：这是什么兵器？有多少？武术队的队员拿走了几把？（请个别幼儿根据画面情景编出应用题，大家解答并用算式记录：10−1=9）

2. 幼儿以同样方法观看PPT，编解10的减法应用题，列出10的减法算式：10−2=8，10−3=7，10−4=6，10−5=5，10−6=4，10−7=3，10−8=2，10−9=1。

3. 小结：

（1）教师整理10的减法算式，幼儿读出结果。

（2）幼儿观察10的减法算式，理解总数与部分数的关系，即总数减去一个部分数等于另一个部分数。

活动3　少林武术表演

 时间

第一场——9:00

第二场——9:40

班级

大班全体、中班部分班级
小班全体、中班部分班级

活动准备

1. 邀请少林武僧团。
2. 主持人一名。
3. 音响、麦克风、电脑。
4. 照相机、录像机。

活动过程

1. 提前将音响设备准备好。
2. 主持人介绍少林寺及少林武僧团：少林鹅坡武院（少林武院）。
3. 少林拳表演。
4. 少林兵器表演。
5. 幼儿与少林武院的学生互相学习。
6. 第一场幼儿退场留下椅子，第二场幼儿不再搬椅子。
7. 与少林武院的学生合影。

活动4 少林拳真威风

活动目标

1. 在了解少林拳法的基础上，尝试区分不同动物所表现的象形拳法。
2. 学习看图式做动作，并能够用表情、动作表现虎拳、蛇拳、鹰拳、猴拳。
3. 发挥创造性，充分享受象形拳表演带来的乐趣。

活动准备

少林拳法视频，虎拳、蛇拳、鹰拳、猴拳的图片。

活动过程

一、观看视频，萌发兴趣

1. 幼儿猜测各种象形拳。

2. 幼儿模仿象形拳动作。

二、了解武术和舞蹈的区别，练习武术拳法

1. 教师讲解：武术讲究精、气、神。精就是精神，看谁的小眼睛最有精神。气就是力气，要将全身的力气都集中在自己的拳头上。神就是神态，要聚精会神，不能东张西望、左顾右盼。

2. 幼儿练习拳法。

（1）不跟音乐练习拳法。

（2）跟音乐练习拳法。

三、学习看图式模仿各种拳法

1. 教师简单介绍鹰拳、蛇拳、猴拳、虎拳。

2. 幼儿分组到各个武术区练习拳法，教师巡回指导。

3. 集体学习各种拳法。

（1）每个区的"小师傅"教大家打拳，教师总结各种拳法要领。

（2）武术比赛：各区小师傅进行比武。

（3）集体表演象形拳。

四、教师小结，自然下课

活动5 快乐的小和尚

活动目标

1. 尝试按数群整2、整5、整10地计数，并说出总数。

2. 通过操作活动，发现不同的计数方式，知道数量多时按群计数，便可快速获得结果。

3. 能大胆与他人交流自己的操作过程，乐于参加数学活动，体验用不同方法数数的乐趣。

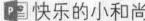

活动材料

"快乐的小和尚"PPT，雪花片每组一份。

活动过程

一、观看PPT

1. 提问：少林寺里的小和尚每天都要做很多事情，我们一起来看看，他们在做什么？

2. 提问：有多少小和尚？（幼儿数一数，并说出答案）

3. 提问：你是怎么数的？（一个一个数）有没有其他方法，可以更快数出来？

4. 教师引导幼儿一次数两个，两个两个数。重点提醒幼儿数的时候是用2、4、6、8、10的方法来数，并请幼儿说说这样数的好处。

5. 幼儿两个两个数雪花片，比比谁数得快。

二、观察小和尚，想一想可以用什么方法快速数出来练功的小和尚

1. 教师引导幼儿五个五个数，提醒幼儿数的时候要说出5、10、15、20。

2. 幼儿用雪花片进行练习，教师巡回指导。

三、以同上方法观察扫地的和尚，思考用什么方法可以快速数出结果

教师引导幼儿练习十个十个数，在数数的过程中提醒幼儿说出10、20、30、40。

四、思考为什么数量增多却可以快速数出结果

教师：每次数的数量多，那么数的次数就少，速度就快。

五、游戏：我来挑战

幼儿用按群计数的方法数数，比一比谁最快。

路径五　我　爱　黄　河

活动1　黄　　河

 活动目标

1. 初步了解黄河，知道黄河水是黄色的，以及黄河在地图上的位置。

2. 了解母亲河的用途，提高环保意识，懂得节约用水和保护水资源的方法。

3. 感受祖国山河的壮丽，萌生爱国主义情感和民族自豪感。

 活动准备

幼儿收集的黄河图片，地图一幅，《黄河大合唱》视频，"黄河"PPT，每组一幅小地图。

活动过程

一、分享交流：我了解到的黄河

1. 幼儿以新闻发布会的形式，将自己收集到的有关黄河的资料进行展示。在展示、交流的过程中，了解黄河的相关知识。

教师：今天，小朋友们都带来了许多关于黄河的资料，请你们相互介绍一下吧！

2. 教师总结，让幼儿知道黄河是世界上含沙量最多的河流，所以看上去是黄色的。

二、观察地图，在地图上找到黄河的位置，了解其形状

幼儿在小组地图上找出黄河，知道黄河弯弯曲曲很长，流经很多地方。

1. 集体在地图上用手指一指、比一比。

2. 小组在地图上描出黄河的形状。

三、运用已有经验了解黄河与人们的关系

1. 提问：我们可以用黄河的水来做什么事情呢？（饮水、浇灌作物……）

2. 小结：黄河是一条很长的河流，流经很多地方，养育了很多中华儿女，人们把它称作母亲河。

四、欣赏歌曲《黄河大合唱》

1. 了解大合唱的歌唱形式，感受乐曲雄壮有力的节奏和风格。

2. 了解《黄河大合唱》的背景，萌发热爱祖国壮丽山河的深厚情感。

 活动延伸

1. 在科学区投放黄河图片，幼儿按从发源地到入海口的顺序排列图片。

2. 可布置黄河从发源地到入海口的展板。

3. 幼儿和家人游览黄河游览区、黄河湿地公园。

活动2 各种各样的黄河大桥

 活动目标

1. 欣赏各种各样黄河大桥的照片，初步了解桥的结构和造型特点。

2. 观察各种各样的黄河大桥，并与同伴交流，知道大桥的用途，发现大桥的相同点和不同点。

3. 在作画过程中，能认真专注地完成作品。

 活动材料

1. "各种各样的黄河大桥" PPT，白纸、水彩笔人手一份。

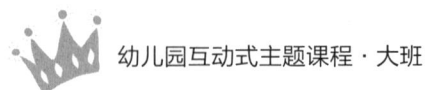

2.幼儿收集的有关黄河大桥的图片和资料。

各种各样的黄河大桥

 活动过程

一、展示活动——我见过的黄河大桥

1.幼儿在小组或者是集体中，展示自己收集的黄河大桥的图片。教师帮助幼儿总结、归纳不同种类的黄河大桥。

2.幼儿观看郑州黄河大桥的PPT，了解桥的结构和造型特点。

3.欣赏PPT中有关黄河大桥的美术作品，了解、欣赏桥的造型美。

4.黄河大桥有很多，建在不同的位置，请小组讨论以下两个问题。

（1）它们的用途是什么？（使行人和车辆顺利从河上经过）

（2）桥的形式多样，它们有什么相同点和不同点？（出示课件，师生讨论）

相同点：桥梁由上部结构和下部结构以及桥梁防护建筑物组成。

不同点：桥墩粗细的变化、护栏的变化、桥灯的变化、桥的装饰的变化。

二、画一画自己喜欢的黄河大桥

活动3 黄 河 水

 活动目标

1.尝试使用过滤的方法使浑浊的黄河水变清澈。

2.初步尝试使用表格记录实验结果。

3.养成保护水资源和节约用水的好习惯。

 活动准备

1.每组一个幼儿工具箱，内装泥水瓶、毛巾过滤瓶、纱布过滤瓶、湿巾过滤瓶。

2.每人一张记录表。

3.《自来水的由来》视频。

 活动过程

一、通过谈话，了解水的重要性

1.提问：水有什么用？我们生活中哪些地方需要用水呢？

2.小结：水对于我们的生活特别重要，所以我们人人都离不开水。

二、初次做实验，尝试净化水

1.幼儿操作泥沙水变清澈的实验。

教师：小朋友都知道黄河水里含有很多泥沙，那怎样让浑浊的黄河水变得清澈，满足人们的生活需要呢？（幼儿讨论，引出实验）

2. 猜测结果，并进行填写。

幼儿对结果产生分歧，进一步引出实验。

3. 幼儿做实验。

（1）教师介绍桌上物品（湿巾、纱布、毛巾），提出做实验的要求和注意事项。

（2）幼儿协商分工进行实验，教师巡回观察。

（3）幼儿记录展示实验结果，并在教师的带领下交流结果。

（4）幼儿产生分歧，讨论实验中影响实验结果的因素。

教师：你们组是怎样进行实验的？遇到了哪些问题？

（5）找出实验中遇到的问题，集体商讨解决问题。

三、观察教师做实验，了解实验操作过程，验证实验结果

四、再次操作

幼儿使用三种物品分别进行实验，将实验结果记录在表格上，再次分享自己的实验结果。

五、小结

教师：为什么湿巾过滤得最干净，纱布过滤得不干净？

教师：纱布上的空隙比较大，脏水一下子都流过去了；毛巾上的空隙比较小，能把脏东西兜住，水就变得干净一点；湿巾上的空隙最小，能把水里的泥沙过滤出来，所以水就变得干净。今天我们用湿巾、毛巾、纱布将水里的沙子截留，从而将水和沙子分离，这叫作过滤。

六、观看视频《自来水的由来》

教师：黄河水经过沉淀、过滤、消毒变成了可以饮用的自来水，我们一起来看看自来水公司的叔叔阿姨是怎么做的。

七、结束部分

教师：我们要一起节约用水，保护水资源。

 活动延伸

教师在区角中提供透明的杯子、毛巾、海绵等物品，让幼儿尝试用其他物品进行过滤。

（备注：本活动若进行第六个环节，可以作为综合活动开展）

"黄河水过滤"科学实验记录表

实验者姓名：

结果	材 料		
我的猜想			
实验结果			

备注：过滤得最干净用√表示；过滤得比较干净用○表示；过滤得最不干净用×表示。

活动4　登鹳雀楼

活动目标

1. 通过观看图片和视频，初步理解古诗的含义。
2. 尝试有感情地朗诵古诗。
3. 为祖国的壮丽山河感到自豪。

活动准备

1. "登鹳雀楼" PPT。
2. 与古诗内容相关的图片。

登鹳雀楼

活动过程

一、谈论古诗，引发幼儿对古诗的兴趣

教师：小朋友们听过古诗吗？谁来说一说？（个别幼儿在集体面前分享）

二、引出古诗《登鹳雀楼》

1. 古诗欣赏。

教师：今天老师也给小朋友们带来了一首古诗，它和黄河有关，请小朋友一起来听一听。

2. 粗略提问古诗内容。

3. 观看视频，进一步理解古诗内容。

三、通过排图的形式，帮助幼儿理解古诗的含义

1. 古诗排序。

教师：老师把这首古诗画了下来，请小朋友们来帮帮忙，排排顺序。

教师出示图片，再次朗诵古诗。幼儿一边排序一边理解古诗内容。

2. 教师带领幼儿边看图片边朗诵古诗。

四、配乐朗诵古诗

以全体、分组等多种形式进行。

五、总结

教师：雄伟的黄河在古时候就已经受到了人们的赞颂，还有许多赞美黄河的古诗，小朋友们可以和爸爸妈妈一起找来和大家分享。

 附古诗

登 鹳 雀 楼

〔唐〕　王之涣

白日依山尽，

黄河入海流。

欲穷千里目，

更上一层楼。

活动5　黄河大桥

 活动目标

1. 欣赏和了解黄河大桥的结构与造型。
2. 尝试用各种建构材料搭建出自己设计的黄河大桥。
3. 积极与同伴进行合作，在建构的过程中体验合作的力量及成功的快乐。

 活动准备

1. 各种建构玩具。
2. 鞋盒、易拉罐等废旧物品。

活动过程

一、谈话导入，萌发进行建构活动的兴趣与愿望

教师：我们用画笔画出了一座座自己设计的黄河大桥，每一座桥都非常漂亮，我们是否能把设计的大桥搭建出来呢？小建筑师们试一试吧！

二、回忆大桥的基本结构，讨论搭建的要点

教师：我们怎么才能把大桥建得既结实又漂亮呢？

幼儿回忆大桥的基本结构，讨论搭建的顺序（先建好桥墩，再搭出桥面，然后在上面搭建护栏等）。

三、观察、选择建构材料，与同伴协商后分组进行游戏

1. 幼儿自由选择自己喜欢的材料，分组进行搭建活动。

2. 教师巡回观察，引导幼儿尝试用不同的材料进行搭建。

3. 鼓励幼儿先在小组中与同伴进行协商与分工后再开始搭建，当出现困难时，能互相帮助，共同想办法解决问题。

四、完成搭建后，互相参观和欣赏同伴的作品，并说一说自己最喜欢哪一座大桥以及原因

备注：可以安排在建构区进行。

区 域 设 置

主题六"我的家乡我的家"区域设置

区域名称	区 域 材 料	具 体 活 动
语言区	绘本《有一天》	在区域中安静地阅读绘本
科学区	1. 各种纸黏土做成的花 2. 幼儿制作的瓶花若干 3. 小麦生长过程的图片 4. 透明杯子、毛巾、海绵 5. 各种尺子、大小不等的物体 6. 记录表、铅笔、橡皮 7. 树木、植物的照片	1. 用"插花"的形式练习9以内的加减 2. 瓶花排序分类 3. 了解面粉的制作过程 4. 过滤 5. 了解测量工具的使用 6. 熟悉常见植物，使用工具对植物进行测量，记录测量过程和结果
美工区	卡托、各色缎带、白乳胶、绘画纸、水彩笔、白色餐巾纸	1. 自制图书《我会做……》 2. 制作美丽的黄河大桥 3. 制作烩面 4. 制作麦秆工艺图片

（续　表）

区域名称	区　域　材　料	具　体　活　动
建构区	插塑玩具、木制积木	搭建黄河大桥
表演区	音乐《不再麻烦好妈妈》	表演《不再麻烦好妈妈》
主题墙面	1. 妈妈我想对您说 2. 幼儿作品《我爱妈妈》 3. 自制图书《我会做……》 4. 河南的特产 5. 烩面的种类介绍 6. 兵器的介绍 7. 黄河流域图 8. 幼儿作品《美丽的黄河大桥》 9. 幼儿园的树 10. 幼儿绘画作品《幼儿园的各种树木》 11. 调查表"幼儿园树木" 12. 小树量一量 13. 统计表"幼儿园小树的高与粗"	

主题 七

春天里的趣事

《指南》中指出:"发育良好的身体、愉悦的情绪、强健的体质、协调的动作、良好的生活习惯和基本生活能力是幼儿身心健康的重要标志,也是其他领域学习与发展的基础。"正值春暖花开,幼儿园开展"大家来运动"活动,以"飞翔的美丽风筝"为切入点,旨在通过多种途径探索风筝的科学原理,学习与好朋友共同研究、制作出自己喜爱的花样风筝;选择适宜的场地,尝试放飞风筝;在活动过程中发展小肌肉精细动作,锻炼体魄,获得精神上的愉悦。在春意盎然的季节里,幼儿尽情呼吸清新的空气,亲近大自然,去感受运动带来的无限快乐。

主题目标

1. 通过查阅资料、收集等形式获取风筝信息,在自主合作、积极探究中,设计、制作出花样风筝,感受到自我劳动带来的快乐与情趣。

2. 创设丰富多样的体育活动,激发和保持对运动的浓厚兴趣,在多元的运动体验中,使身体素质逐步获得提高和发展。

3. 充分感受生机盎然的春天景象,萌发热爱春天、热爱大自然的情感。

4. 在适度的体育运动中,提高对危险事物的认识与判断,从而更好地保护自身的安全。

路径一 一起放风筝

活动1 绘本《风喜欢和我玩》

 活动目标

1. 能够专注地阅读图书，初步理解绘本的内容。
2. 喜欢和同伴一起谈论绘本的有关内容，尝试用图画或其他符号进行记录。
3. 愿意在大自然中感受自然现象带来的乐趣。

 活动准备

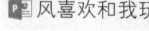

绘本《风喜欢和我玩》PPT，笔、记录单、绘本《风喜欢和我玩》人手一份。

 活动过程

一、欣赏封面，猜测画面内容

教师：封面上的小男孩在干什么？他心情怎么样？

教师：风和小男孩是好朋友，他们玩得很开心。风都做了些什么？请小朋友去书中找一找。

二、自由阅读

教师：风和小男孩都玩了些什么游戏？请小朋友和同伴合作在纸上记录下来。

1. 幼儿在记录单上画下自己看到的内容。
2. 教师和幼儿共同讨论交流记录单。
3. 教师出示PPT，带领幼儿一起阅读绘本。
4. 讨论：风和你做过什么游戏？（若有和图书中一样的情景，展示PPT画面和幼儿一起分享）
5. 幼儿阅读图书。

教师：风都藏在哪里？请你找一找，和好朋友说一说。

三、到操场上和风一起做游戏

 活动延伸

1. 在科学区投放不同材质的材料（风车、薄纸、塑料袋等），幼儿和风做游戏，了解

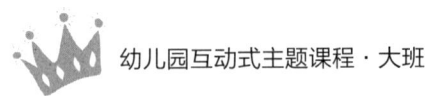

风的作用，发现风和人们生活的密切关系。

2. 幼儿在美工区尝试创作我的小小口袋书《风喜欢和我玩》。

3. 在阅读区投放和自然现象相关的图书。

活动2　有趣的风筝

活动目标

1. 知道风筝的由来，了解风筝的制作过程。

2. 在观察中感知风筝的对称美，并对生活中对称的事物产生兴趣。

3. 感受艺术创作的美。

活动准备

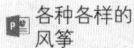

各种各样的风筝

收集各种造型和颜色的风筝，提前布置"风筝展览会"，"各种各样风筝"PPT。

活动过程

一、谜语导入

教师：小朋友们，今天老师要请大家猜个谜语——天上一只鸟，用线拴得牢，不怕大风吹，就怕细雨飘。是什么呢？（风筝）

二、欣赏风筝

1. 欣赏各种不同造型的风筝。

教师：老师将你们带来的风筝布置了一个风筝展览会，我们一起来看看吧！

（1）提问：你看到有什么风筝？最喜欢哪一个？为什么？

（2）自由讨论。

2. 通过对比，观察感知风筝的对称美。

（1）教师出示蝴蝶风筝，引导幼儿感受风筝图案对称的特点。

教师：小朋友们，我们来看这个蝴蝶风筝，它的左右两边有什么相同的地方？

（2）幼儿观察其他风筝左右两边翅膀的图案。

（3）小结：刚才小朋友在观察的时候，观察到以蝴蝶身体为中心左右两边的图形图案大小完全重合，叫作"对称"。

三、观看PPT，了解风筝的由来和制作过程

1. 观看风筝PPT。

教师：你们知道风筝是怎么来的吗？老师准备了几幅图片，我们一起来看看吧！

（1）两千多年前，中国人发明了风筝。

（2）最初的风筝是人类模仿鸟的样子做的，叫作鸢或鹞。

（3）到了唐朝叫风筝。

（4）莱特兄弟根据风筝升高原理，发明了飞机。

（5）美国华盛顿宇航博物馆的大厅挂着中国风筝，在它旁边写着：人类最早的飞行器是中国的风筝和火箭。

（6）每年4月20日到25日，国际风筝节在中国潍坊举行，潍坊被称为"鸢都"。

2. 自由讨论。

教师：看过这些图片，你有什么感受？

幼1：是中国人发明了风筝，中国人真了不起。

幼2：风筝是人类最早的飞行器，我觉得中国人很聪明。

3. 教师总结。

活动3　我的小风筝

活动目标

1. 欣赏风筝的造型、色彩、图案，感受风筝的美。

2. 能大胆想象，创造性地设计风筝的图案。

3. 体验绘画创作的快乐、完成作品的喜悦。

活动准备

画笔、菱形风筝面、音乐《三月三》、"我的小风筝"PPT。

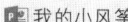

活动过程

一、欣赏风筝，讲述特点

1. 提问：我们的教室里有很多漂亮风筝，看一看，你最喜欢哪一个？它上面有什么图案？是什么颜色？

2. 教师带领幼儿了解各种风筝的主要特点，重点了解对称图形。

教师：我们来看一看这个风筝，它左边和右边的颜色一样，装饰的图案一样，像这样的图形我们称为对称图形。

3. 小结：风筝的图案有很多种，卡通人物的、动物的、风景的、线条的、色块的，每种风筝都有自己的特点。

二、设计风筝

教师：看了这么多风筝，小朋友们也来设计一个属于自己的风筝吧。在上节课中，我们已经把菱形的风筝面剪好，现在就拿起你们的画笔设计小风筝吧！

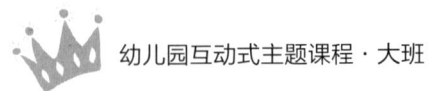

播放背景音乐《三月三》，幼儿作画，教师巡回指导。

三、欣赏自己制作的风筝

1. 幼儿小组讨论自己设计的风筝有哪些特点。

2. 个别幼儿分享自己设计的过程与感受。

3. 小结：每个小朋友的风筝都有自己独特的地方，设计出来的风筝图案都不同，有自己喜欢的卡通人物、美丽的景色、天空中翱翔的小鸟等，这些风筝都漂亮极了。

四、自然结束

教师：下节课我们学习扎风筝，再把我们的风筝面贴上，就可以带着我们自己制作的风筝出去玩啦！

活动4 扎 风 筝

 活动目标

1. 进一步认识风筝对称的特点。

2. 能与同伴合作制作风筝。

3. 大胆尝试、体验制作风筝所带来的成就感。

 活动准备

风筝1个，细竹条、线、剪刀、糨糊、纸、颜料、毛笔等制作材料每组一份。

 活动过程

一、观察风筝的结构及材料

1. 提问：今天我们来制作风筝。做风筝需要什么材料呢？

2. 幼儿自由或分组观察风筝的结构，发现制作风筝需要支架、风筝面、尾巴、线绳等材料。

二、发现支架的做法

1. 提问：风筝是对称的，怎样找到中心呢？（幼儿探索、学习测量的方法：用尺子、绳子、纸条）

2. 提问：怎样将支架捆在一起呢？

3. 幼儿两两合作，尝试将支架固定在风筝面上。

三、放风筝

 活动延伸

在美工区投放材料，幼儿继续练习。

活动5 放风筝

 活动目标

1. 认识风筝各部分的名称，了解风筝的结构特点。
2. 在玩耍中发现适合风筝飞行的条件。
3. 对风筝产生浓厚的兴趣，喜欢与同伴分享快乐。

 活动准备

幼儿收集的各式各样的风筝、线轴、风筝图片。

 活动过程

一、谈话导入

1. 提问：今天小朋友们都带来了自己的风筝，请介绍一下，你的风筝是什么样的（名称、形状、颜色等）？
2. 提问：你还看见过什么样的风筝？
3. 带领幼儿到户外去放风筝。教师示范放飞过程，幼儿自己尝试着放飞（幼儿分小组学习放飞风筝，三位教师分组指导）。

二、总结

1. 提问：风筝怎样才能飞起来，风筝飞行需要什么条件呢？
2. 小结：放风筝时需要在有风的条件下，要逆风放风筝，风筝才能飞起来。

活动6 风筝飞上天

 活动目标

1. 进一步观察人物正面、背面及侧面的画法。
2. 能够积极大胆地用绘画的形式表现放风筝的情景和场面，会使用参照物来表现高飞的风筝。
3. 愿意和同伴交流分享自己的作品。

活动准备

1. 幼儿具备放风筝的经验。
2. "放风筝" PPT，绘画材料每组一份。

 活动过程

一、回忆春游放风筝的情景

1. 幼儿观看PPT，交流放风筝的感受。

2. 教师根据幼儿的交谈播放PPT，重点引导幼儿观察放风筝过程中人物背面、侧面五官的位置及表情。

二、幼儿作画，教师巡回指导

三、作品展示及讲评（自评、互评）

 活动延伸

1. 投放制作风筝的材料供幼儿制作风筝。
2. 环境创设：布置风筝和风筝资料展。

活动7　各种各样的风筝

 活动目标

1. 能发现风筝简单的排列规律，并尝试创造新的排列规律。
2. 能根据一定规律排列物体。
3. 能发现生活中许多问题可以用数学的方法来解决，体验解决问题的乐趣。

 活动准备

各种各样风筝的PPT，排序操作板人手一份。

 活动过程

一、情境导入

教师：春天到了，小朋友们喜欢放风筝吗？老师给大家带来了一些风筝，我们一起来看一看。

教师出示PPT，幼儿认识欣赏各种风筝。

二、探索用两种风筝进行有规律的排序

教师：风筝展览会有很多风筝，可是工作人员遇到了困难需要我们帮助他。你们愿意帮忙吗？你们的任务是把两种风筝按照一定规律有序排列在展览板上。

1. 幼儿自由操作探索，教师巡回指导。

2. 个别幼儿进行展示并说出自己的排列规律，教师总结（ABAB、AABBAABB、AABAAB……）。

三、观看PPT，发现排列规律

教师：小朋友们完成得都很好，风筝展览会希望得到我们的帮助，在进行任务之前请先接受测试。

教师出示PPT引导幼儿说出图片上的排列规律（ABAB、ABCABC、ABCCABCC……）。

四、探索用三种风筝进行有规律的排序

教师：现在有三种风筝，请你将这三种风筝按照一定规律有序地排列在展览板上。

1. 幼儿自由操作探索，教师巡回指导。

2. 个别幼儿进行展示并说出自己的排列规律。

3. 幼儿再次操作三种风筝，同伴之间相互分享自己的排列规律（要求和上次的排列规律不一样）。

五、游戏：动作排序

1. 教师展示动作，幼儿找规律。

2. 个别幼儿创编动作，其他幼儿找规律。

六、参观风筝展览会，活动自然结束

活动8　我是小风筝

 活动目标

1. 感受乐曲欢快的气氛，用扎风筝、放风筝和带风筝回家的动作表现ABA的曲式结构。

2. 能跟随乐曲变化，表现出风筝飞上天的动作。

3. 乐意主动、愉快、协调地参与表演活动。

 活动准备

1. 幼儿会独立放风筝。

2. 音乐《喜洋洋》。

活动过程

一、互相交流放风筝的经验

二、安静欣赏乐曲

1. 感受乐曲所表现出的欢快气氛（第一遍）。

2. 感受乐曲ABA的结构（第二遍）。

3. 讨论如何将放风筝的故事情节与音乐相匹配。

4. 分段欣赏，并尝试用动作表现（重点欣赏B段）。

5. 跟随音乐结合放风筝的亲身体验，在教师的带领下根据收放动作的变化表现风筝飞上飞下的情景。

三、户外体育游戏：放风筝

路径二 大家来运动

活动1 比较轻重

活动目标

1. 初步掌握比较轻重的方法，感知重量的概念。

2. 能依据物体的轻重进行配对、排序等活动。

3. 探究中能与他人合作、交流。

活动准备

1. 两个外观完全相同的易拉罐（一个空的、一个盛满水），三个完全相同的矿泉水瓶（一瓶空的、一瓶装半瓶水、一瓶装满水），各种沙包，积木。

2. 不同轻重的物体，不同颜色的沙袋（装有不同的填充物，装有一种填充物的两个沙袋重量相同），天平纸板，地毯块，木块，石板，铁板。

活动过程

一、导入

教师出示两个外观完全相同的易拉罐（其中一个空的、一个盛满水），请幼儿猜一猜哪个轻、哪个重。

二、自由探索与讨论

1. 通过触觉判断轻重。

教师：有什么方法可以区分哪个轻、哪个重？（请幼儿用手掂一掂这两个易拉罐，感知轻与重，说一说除了用手掂的方法，还可用什么方法辨别轻重）

2. 通过视觉判断轻重。

（1）教师出示三个完全相同的矿泉水瓶，一瓶空的、一瓶装半瓶水、一瓶装满水。提问：哪个瓶轻？哪个瓶重？为什么？

（2）教师出示一大一小两块积木，提问：哪块轻？哪块重？为什么？

（3）教师出示相同的三块积木和十块积木，提问：哪些轻？哪些重？为什么？

3. 轻重联想。

幼儿说出生活中的哪些物品可以说明空的轻、满的重，小的轻、大的重，少的轻、多的重。

4. 排除干扰，辨别轻重。

（1）教师出示一个大的棉花沙包、一个小的豆子沙包，幼儿猜一猜谁轻谁重，然后掂一掂，感知轻重。

（2）幼儿讨论：为什么大的反而轻，小的反而重呢。教师引导幼儿摸一摸沙包内的填充物，感知它们是不同的，从而明白辨别不同种类的物体轻重时要注意用掂、称等方法来正确感知。

三、分组活动

1. 第一组：轻重分类。教师将不同轻重的物体混放，每一种两个。幼儿用掂的方法比较同类物体的轻重，分别摆放在两个托盘内。

2. 第二组：轻重配对。教师将不同颜色的沙袋内装有不同的填充物，每一种填充物有两个相同重量的沙袋，幼儿将相同重量的沙袋放在一排。

3. 第三组：轻重排序。教师将纸板、地毯块、木块、石板、铁板等放在一起，幼儿用掂的方法比较轻重，并按照从轻到重进行排序。

活动2　春天的运动

 活动目标

1. 在掌握10的组成的基础上，进一步理解加减法的意义，能正确熟练地列式运算。

2. 尝试根据图片内容创编简单的口头应用题。

3. 体验用数学解决问题的乐趣，感受数学的有用。

 活动准备

"春天的运动"PPT。

春天的运动

活动过程

一、导入部分

教师：你最喜欢的运动是什么？（幼儿讨论：跳绳、排球、骑车、跑步……）

二、基本部分

1. 教师出示幼儿园户外运动的照片，了解幼儿喜欢的运动。

2. 教师运用图片启发幼儿编加法应用题。例如，运用"1+8=9"的算式图片，请幼儿根据算式创编口头应用题，并依次推出其他算式。

3. 教师启发幼儿编减法应用题，如"9-1=8"，幼儿根据算式创编口头应用题。

4. 教师继续出示图片，启发幼儿出题，让幼儿巩固9以内数字的加减法。

三、教师与幼儿共同小结，活动自然结束

活动延伸

将幼儿户外活动的图片投放到数学区，供幼儿继续创编口头应用题。

活动3 奇妙的心跳

活动目标

1. 知道人的心脏会有规律地跳动。

2. 掌握一些简单的测量心跳的方法。

3. 体验探索实验、操作的乐趣。

活动准备

跳绳、记录单、笔人手一份。

活动过程

一、谈话导入

1. 提问：人的心脏会动吗？你是怎么知道的？

2. 幼儿小组讨论，个别幼儿发表自己的看法。

二、围绕心跳展开操作和实验

1. 提问：一分钟心脏跳动多少次呢？

2. 教师计时，幼儿自测或者互测，感知心跳。

三、感知心跳的变化

1. 幼儿先测出运动前心跳的次数，再测出快跑或跳绳后心跳的次数，并记录。

2. 小结：心脏是生命的象征，每时每刻都在匀速、有力地跳动。我们要合理锻炼，好好保护心脏，让自己身体更加健康。

活动4　运动员进行曲

 活动目标

1. 感受进行曲雄壮有力的特点，了解ABA的乐曲结构。

2. 大胆想象，创造性地用动作表现熟悉的运动项目。

3. 愿意并主动参与运动，体验运动的乐趣。

 活动准备

🅿️ 运动项目图片

1. 幼儿熟悉一些运动项目。

2. "运动项目图片"PPT，音乐《运动员进行曲》，纸、笔人手一份。

 活动过程

一、导入部分

师幼跟随《运动员进行曲》，精神饱满地入场。

二、倾听、理解音乐

1. 倾听音乐，感受乐曲的风格。

教师：刚才这段音乐你们听过吗？（这是《运动员进行曲》）

教师：你听了这首乐曲有什么感受？

教师：《运动员进行曲》是和运动员有关的音乐，你们知道哪些运动项目？你们喜欢哪些运动项目？（幼儿边听音乐边回忆，教师在幼儿回答后出示运动项目图片）

教师：请你们边听音乐，边把喜欢的运动项目用动作表现出来（足球、篮球、游泳、射击、体操等）。

2. 理解乐曲的ABA结构。

（1）教师帮助幼儿梳理乐曲结构，幼儿完整地欣赏音乐，尝试用符号、图形、字母等方式表示听到的乐曲段落。

（2）幼儿分段欣赏，理解乐曲的ABA结构与三段式变化。幼儿想象每一段音乐表现的是什么，并用动作表达对音乐的理解。如第一个A段表现了运动员入场，B段表现了运动员在比赛，第二个A段表现了运动员夺冠获奖。

3. 用动作完整表现乐曲。

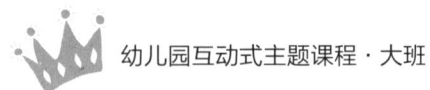
幼儿大胆创编，用动作完整表现乐曲（根据情况进行两遍左右）。

三、总结

教师鼓励幼儿向运动员学习，积极参加运动。

 活动延伸

户外活动时带着幼儿伴随《运动员进行曲》进行运动。

活动5 运动中的自我保护

 活动目标

1. 了解怎样在运动中保护自己，不给他人造成危险，并能自觉遵守安全规则。
2. 在日常运动中提高自我保护意识。
3. 乐于参加体育锻炼，增强体质。

 活动准备

1. 幼儿了解一些有关运动中的自我保护知识。
2. 记录单和笔人手一份。

 活动过程

一、提出问题，引发幼儿思考

教师：你在玩耍、运动时受过伤吗？是怎么处理的？

二、提出问题，再次引发幼儿思考

1. 提问：怎样做才能避免在运动中受到伤害？
2. 幼儿讨论，教师将幼儿的回答按运动前、运动中、运动后进行梳理。

运动前：穿宽松的运动服、合脚舒适的运动鞋；进行热身活动，活动各关节；熟悉各运动器械的使用方法；选择合适的运动场地，户外运动比室内好；饭后不宜剧烈运动。

运动中：不能长时间运动，应该注意休息；注意躲闪，在运动中不推别人；自觉遵守规则。

运动后：补充水分；对肌肉进行放松、按摩。

三、带领幼儿在操场上进行户外锻炼，提出运动前、运动中、运动后的安全要求

 **活动延伸**

在各种活动中渗透规则意识。

路 径 三　快 乐 的 春 游

活动1　春 游 计 划

 活动目标

1. 乐意与同伴交流，讨论春游所需注意的具体事项，愿意接受同伴的意见或建议。
2. 共同商议后，能用图画、箭头等标识制订春游计划。
3. 能认真倾听同伴的想法，体会合作的重要性。

 活动准备

1. 幼儿和家长一起准备的关于碧沙岗公园景色的图片。
2. 绘画纸、水彩笔（油画棒）、油性笔及表格。

 活动过程

一、分享自己对碧沙岗公园的了解

教师：昨天，小朋友和爸爸妈妈一起了解了碧沙岗公园的情况，请你和好朋友讲一讲吧。

1. 幼儿自由结伴讨论。
2. 个别幼儿上台讲述，教师结合幼儿回答进行小结。

二、制订春游计划

1. 师幼共同讨论春游活动的内容和注意事项（教师注意不要急于给出标准答案，以幼儿为主体商讨注意事项，教师引导，可从所带物品、出行安全等方面来制订）。
2. 教师根据幼儿的发言，在展台上设计春游活动计划表。
3. 幼儿制作自己的春游活动计划表。

三、回家后在父母的帮助下，做好春游前的物品准备

 活动延伸

在美工区提供绘画工具，引导幼儿用连环画的形式表现快乐春游，并制作一本有趣的书。

活动2 快乐春游

 活动目标

1. 能够按照"春游计划表"做好相应准备，并遵守相应规则。
2. 发现春天的花朵花姿秀美，花色繁多。
3. 愿意并主动参加群体活动，体验春游的乐趣。

 活动准备

幼儿按照上次活动时制订的"春游计划表"准备好所需物品。

 活动过程

一、准备行装，安全教育

教师：今天，我们将到碧沙岗公园春游，还记得我们的任务吗？（观察各种各样的花卉）

教师进行安全教育：不要擅自离开集体，有事及时向教师寻求帮助。

二、幼儿和教师、家长志愿者一起开启快乐的春游活动

1. 观察各种各样的花卉，通过教师的介绍知道它们的名称。
2. 我和春天有个约会——集体合影。
3. 进行游戏活动。

三、在草坪上野餐

1. 教师为幼儿提供垃圾袋以便收集食物垃圾，并在野餐过程中进行环保教育。
2. 幼儿整理行装，返回幼儿园。

活动3 小动物爱运动

 活动目标

1. 了解各种动物的不同特征。
2. 能够根据动物的具体特征，初步掌握按两种或两种以上特征进行分类的方法。
3. 能大胆操作，体验数学活动的乐趣。

活动准备

1. 食肉类、食草类、昆虫类、鸟类以及会走、跑、跳、游的动物玩具或图片。
2. 大小、颜色、形状、软硬、味道、包装纸质地不同的糖果。

活动过程

一、导入

1. 教师出示若干小动物玩具或图片。

（1）幼儿看一看它们是谁，有什么不同的地方。

（2）幼儿观察后，大家一起进行小结：小动物的种类、生活环境、食性、行动方式、外形等特征是不同的。

2. 幼儿自由观察图片，并和同伴交流小动物的特征。

二、辨别分类的条件

1. 观察鸽子、燕子的图片。

教师：它们是依据哪两种特征放在一起的？（两条腿、在天上飞）

2. 按指令进行两种特征分类。

幼儿按照教师的指令找到相应的玩具或图片，如"四条腿会跳的和四条腿会跑的""天上飞的吃虫子的和天上飞的吃花蜜的"等。也可以在幼儿熟悉后，让他们自己想一想还可以按照哪两种特征将图片分类。

3. 学习按两种以上特征分类。

教师说出三种分类的特征，幼儿寻找相应的小动物玩具或图片。如"天上飞的吃虫的昆虫""天上飞的吃虫的鸟""四条腿吃肉的生宝宝的动物"等。

三、分组活动：分糖果

1. 幼儿将各种各样的糖果，按照大小、颜色、形状、软硬、味道、包装纸的质地等特征进行分类。

2. 分好后，说一说：是按照几种特征将糖果分开的？分别是哪几种？

3. 想一想：还可以按照什么特征进行分类？

活动4　美丽的月季花

活动目标

1. 在观察的基础上，绘画出形态各异、种类繁多的月季花。
2. 学习渐变色绘画方法。
3. 主动参加艺术活动，体验艺术活动带来的乐趣。

活动准备

美丽的月季花

1. 绘画纸、水彩笔、油画棒人手一份。
2. "美丽的月季花" PPT。

活动过程

一、谈话导入

教师：我们去碧沙岗公园春游，你见到了什么样的月季花？（幼儿与同伴交流分享）

二、师幼共同欣赏月季花图片

1. 幼儿自主欣赏，与同伴交流讨论。
2. 师幼共同欣赏，重点关注有渐变色的月季花花瓣，共同谈论渐变色的画法。

三、幼儿绘画，教师巡回观察指导

四、活动分享

将幼儿作品展览在主题墙上，幼儿互相观赏、评价。

路径四　我们的运动会

活动1　我们的运动会入场式

活动目标

1. 自主商量运动会中班级的入场口号及队形。
2. 根据商量的结果练习班级入场口号及队形。
3. 在活动中感受集体的凝聚力，产生集体荣誉感。

活动准备

运动会入场视频。

活动过程

一、分享即将召开运动会的好消息

二、师幼共同商量本班的运动会口号

1. 了解运动会中口号的作用及特点。

2. 共同设计班级口号。

3. 共同练习班级口号。

三、师幼共同商量班级的入场队形

1. 观看运动会入场视频。

2. 幼儿互相商量本班的入场花样队形。

3. 共同练习入场花样队形。

四、进行入场式整体排练

五、教师鼓励幼儿在运动会中积极表现，为集体争光

活动2 运动会项目

 活动目标

1. 练习运动会项目，学习在运动中自我保护的方法。

2. 理解规则的意义，能够按照规则完成游戏项目。

3. 主动参加运动会项目，体验参加运动会的乐趣。

 活动准备

拱形门8个、平衡木8个、水桶8个、信封若干。

 活动过程

一、教师向幼儿介绍本次春季运动会的项目及具体玩法

二、教师介绍每个项目的规则

三、教师布置场地，幼儿分组练习，教师巡回观察

四、交换场地进行练习

五、放松活动

六、师幼一起收拾运动会所用器械及个人物品

活动3 春季运动会

 活动时间

××年××月××日。

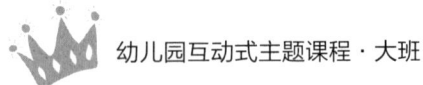
 活动地点

幼儿园前院草坪。

 活动主题

幼儿园春季运动会。

 活动目标

1. 尝试进行跑、跳、钻、爬、投掷等动作练习。
2. 在游戏活动中进一步锻炼身体的协调性和灵活性。
3. 初步感受同伴之间的合作精神，体会成功的快乐。

 活动流程

一、场地、器械准备

1. 悬挂"我运动，我健康，我快乐"运动会条幅。
2. 根据比赛需要划分出跑道、看台区域。
3. 各年龄组根据需要制作、准备比赛器械。

二、人员分配

主持人：×××、×××
摄影：×××
主席台人员：×××、×××……

三、活动方案

1. 开幕式：
（1）宣布运动会开始；
（2）运动员入场；
（3）升旗仪式；
（4）园长致辞，宣布运动会开幕；
（5）运动员代表讲话；
（6）进行运动会游戏项目。
2. 比赛程序：
（1）各年龄组游戏时间为半天；
（2）根据时间安排进行各运动项目。

四、注意事项

1. 遵守比赛规则，友谊第一，比赛第二。
2. 各班级教师管理好本班幼儿，注意安全，不在赛场内自由走动或奔跑。

3. 保持比赛场地卫生，爱护植被。

区 域 设 置

主题七"春天里的趣事"区域设置

区域名称	区 域 材 料	具 体 活 动
语言区	绘本《风喜欢和我玩》	在区角安静地阅读绘本
科学区	1. 尺子、线段、小棍 2. 听诊器 3. 运动中的安全图片	1. 标出中心点，为制作风筝做好基础 2. 测心跳并进行记录
美工区	绳子、水彩笔、小棍、剪刀、绘画纸	1. 制作风筝 2. 绘画：月季花 3. 设计小书签
表演区	音乐《喜洋洋》《运动员进行曲》	听音乐进行表演
主题墙面	1. 在教室中悬挂各种风筝进行展览 2. 幼儿作品展：我的小风筝 3. 图片：身体结构图 4. 我的春游计划表 5. 美丽的月季花 6. 春游照片展	

主题八

神 奇 的 书

读书使人明智，我们希望书成为幼儿亲密的朋友，让阅读成为一种生活方式。

在"世界阅读日"来临之际，开展"神奇的书"主题活动，通过阅读环境的创设、班级图书馆的建立、参观图书馆、图书漂流、"故事爸爸、故事妈妈"、童话剧表演等活动，让幼儿感受图书的魅力，徜徉在书的海洋中，与书结伴。

主题目标

1. 喜欢与他人一起谈论图书以及与故事有关的内容，对看过的书、听过的故事能说出自己的看法。

2. 感受文学作品的美。

3. 能够专注地阅读图书。

4. 喜欢阅读，让阅读成为一种生活习惯。

路径一　走 进 书 店

活动1　小小图书管理员（一）

活动目标

1. 会正确地整十整十地数出100以内的物体的个数。
2. 通过操作教具，初步了解100以内整十数的实际意义。
3. 能运用认识的数描述现实生活中的事物，体验数与生活的密切联系。

活动准备

1. 教师和每个幼儿各1套图片：10箱图书（每箱10本）、10本图书、3层书架。
2. 100以内整十数卡1套。

活动过程

一、情境创设

教师：今天图书管理员生病了，想邀请你们来做小小图书管理员。

二、活动探究

1. 认识整十数。

教师出示9本图书：这是几本书？（9本）再添上1本，现在有几本？（10本）这10本书放1箱，得到1个十，1箱是10本书。

2. 提问：2箱是多少本书呢？ 3箱是多少本书呢？ 6箱呢？ 你是怎么想的？

3. 小结：2个十就是20，3个十就是30，6个十就是60。

三、进行操作

1. 幼儿用图片摆，可摆任意箱数，并与同伴说说有几个十，是多少。

2. 一起10本10本地数：10、20、30……90、100。

3. 小结：10个十就是100。

四、游戏：整理图书（数量为整十数）

1. 听数整理图书，放进书架。

2. 看数整理图书，放进书架。

五、教师小结，对幼儿的操作游戏给予鼓励

活动2 图书的故事

活动目标

1. 了解图书的结构和制作过程，知道制作一本书要经过许多人的合作才能完成。
2. 初步了解图书的起源和演变过程。
3. 产生喜欢看书、爱护图书的美好情感。

活动准备

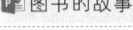

1. 竹简、线装书、立体书等的图片，"图书的故事"PPT。
2. 幼儿自己准备一本喜爱的图书。

活动过程

一、阅读图书，了解图书的结构

1. 提问：请你和旁边小朋友比一比带来的图书，看一看，有哪些相同的地方？
2. 引导幼儿关注图书的相关部位。
（1）图书有封面和封底，那你的图书的封面和封底是什么样子的？
（2）你的图书上有文字吗？图画在哪里？页码在什么地方？
（3）你还发现图书有哪些部分很有意思？
（4）教师引导幼儿发现图书的扉页、条形码、价格、出版年月等。

二、看PPT，了解图书的制作过程

1. 幼儿和同伴交流图书的制作过程，并说说自己的理解。
2. 观看PPT，了解图书的制作过程：设计→作者编写文字内容、画图→编排→校对→印刷→裁、订、装→成书。
3. 小结：一本图书的制作要花费很多人的劳动和时间，真是不容易。

三、了解图书的起源和演变过程

1. 提问：你们知道古代人看的书是怎样的吗？（教师根据幼儿的回答分别出示图片）
2. 教师讲解图书的起源、发展。
3. 提问：现代人看怎样的图书？（根据幼儿的回答出示图片或实物，拓展幼儿经验）

四、教师总结

从古至今，书的材质与制作过程发生了变化，书的种类不断丰富，阅读图书成为一种生活方式。我们从图书中获取知识，从图书中思索成长，书是我们永远的好朋友。

活动3 书店里的秘密

活动目标

1. 了解进入书店选购图书的方法和步骤。

2. 能积极主动地与同伴交流自己在书店内观察的结果,了解在书店里需要注意的事项。

3. 体验自主购买图书的乐趣。

活动准备

1. 幼儿带着问题参观书店。

2. 参观书店记录表人手一份。

活动过程

一、讨论参观书店的感受

教师:你们参观过书店之后,觉得哪里很有趣?

二、讨论在书店遇到的问题及处理方法

1. 提问:你们在书店都遇到了什么问题?怎样解决的?

2. 教师与幼儿一起总结:遇到问题可以观察指示牌或询问书店的工作人员。

三、讨论书店里的秘密

1. 提问:书店里的书是怎么摆放的?

2. 提问:如果我想快点找到《动物世界》这本书,应该怎么办?

3. 师幼共同总结:在书店里想要快速找到自己想要的图书,可以运用查询图书的类别、看图标、电脑搜索等方法。

四、讨论如何选书和购书

1. 讨论如何选书。

(1) 提问:你怎么选择自己喜欢的书?

(2) 小结:通过观察封面、翻一翻图书的内容,确定是否是自己喜欢的书。

2. 讨论进入书店选书和购书需要注意的事项。

(1) 提问:我们选书时应该注意什么?

(2) 小结:选书时要爱护图书,如轻轻翻、安静阅读、不在书上乱写乱画、不大声喧哗、看后放回原位、提醒成人不在书店吸烟等。

3. 讨论如何购买图书。

(1) 提问:选到合适的书时如何购买?

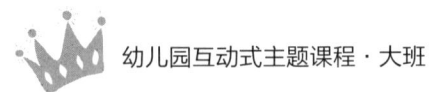

（2）小结：先到收银台排队付款，然后工作人员在图书上盖章，最后拿好小票验章出门。

五、游戏：小书店

根据所了解的书店选书购书知识，进行模拟小书店的游戏。

附记录表

"参观书店" 记录表

	我 的 问 题	参观时看到的答案
问题一		
问题二		
问题三		

活动4　自制图画书

 活动目标

1. 了解图书的结构，明白图书的制作过程。
2. 学习用绘画的方式表现自编的故事情节，尝试自制一本图画书。
3. 在制作图书的过程中，大胆地创造和想象，体验制作图书的乐趣。

 活动准备

已出版的图书、幼儿自制图书一本，订书机、彩笔、画纸、小红星贴纸。

 活动过程

一、欣赏图书

1. 教师出示种类、大小不同的图书，供幼儿欣赏。
2. 教师引导幼儿观察、了解图书的要素，回忆图书的制作过程。
3. 小结：一本图书拥有完整的内容，丰富的图案和颜色，相关的图书信息（封面、书名、扉页、作者、封底、页码等）。

二、自制"我的图画书"

1. 幼儿和教师一起讨论自制图书的要求，教师提示幼儿自制图书的画要能够表现故事情节。
2. 幼儿大胆地用绘画的方式，较完整地表现故事情节。

3. 幼儿大胆地想象、创作，可以在设计上特别一些，如制作剪纸撕贴书、立体书、不同造型的书等。

4. 教师巡回观察，并适时进行帮助和指导。

三、相互欣赏和交流自制图画书

四、推选最受欢迎的自制图画书

为自己喜欢的自制图画书贴上一颗小红星，哪一本图书的小红星多，就是最受欢迎的自制图画书。

活动延伸

将自制图画书投放到图书馆的阅读区，供幼儿阅读、交流。

活动 5　美丽的书签

活动目标

1. 选择自己喜欢的方法尝试制作出各种形状和图案的书签。
2. 欣赏书签，感受和发现不同书签材料、形状、图案的美。
3. 对制作书签产生浓厚的兴趣。

活动准备

各种书签的实物或图片、卡纸、剪刀、油画棒、水彩笔、丝带等。

活动过程

一、了解"世界阅读日"，产生对书的喜爱及制作书签的想法

二、欣赏书签，感受和发现书签不同材料、形状、图案的美

1. 教师出示各种书签请幼儿欣赏，引起幼儿兴趣。
2. 幼儿讨论书签可以使用什么材料制作，书签上的图案是如何设计的。

三、讨论书签的作用，知道书签能够帮助阅读者标记已阅读的页数，对图书起着一定的保护作用

四、讨论书签的制作过程

五、幼儿制作书签，教师巡回指导

1. 幼儿根据自己的设计和需要尝试制作书签。
2. 通过反复的操作、同伴间的学习以及教师的引导，不断修改、完善自己的设计。

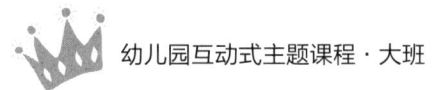
六、欣赏交流

幼儿间相互欣赏和交流自己的作品，教师鼓励幼儿大胆介绍自己的作品。

 **活动延伸**

提供不同的材料供幼儿制作不同样式的书签，在"世界阅读日"作为神秘的礼物送给父母。

路径二　走 进 图 书 馆

活动1　走 进 图 书 馆

 活动目标

1. 参观成人图书借阅室和幼儿绘本借阅室，感受图书馆安静的阅读环境并体验和享受阅读的乐趣。

2. 了解借阅图书的流程及相关要求。

3. 萌发热爱图书、保护图书的情感和意识。

 活动准备

1. 家长志愿者（每班5～10人）。

2. "走进图书馆"活动海报。

 活动过程

一、幼儿集合，准备出发去图书馆

1. 幼儿8∶30在幼儿园草坪上集合，8∶40出发。

2. 教师提出参观要求：不大声喧哗、爱护图书等。

二、到达目的地后，开始有趣的书香之旅

1. 幼儿大约9∶00到达省图书馆，在院子里集合后由省图书馆的工作人员讲解省图书馆的历史、作用以及读书的益处和图书馆的分布情况等。

2. 幼儿分两组在工作人员的带领下进行参观。

第一组：参观成人图书借阅室、报刊借阅室以及省图书馆的环境。

第二组：参观幼儿绘本借阅室，并在教师的指导下阅读自己喜爱的图书。

3. 在图书馆前集体合影留念。

三、离开图书馆，返回幼儿园

安全注意事项

1. 每班三位教师，一位走在前面领队，一位站中间，另一位站在队尾。
2. 幼儿园后勤人员协助保证队伍行进过程中的安全。

活动延伸

将幼儿参观图书馆的照片发到班级博客上，幼儿与同伴一起分享自己在图书馆的所见所闻。

活动2　参观图书馆后的谈话

活动目标

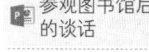

1. 尝试了解图书馆内工作人员的工作情况，知道图书馆是人们看书、借书、学习的地方。
2. 了解图书借阅的方法和过程，并产生对书籍的热爱。
3. 知道在图书馆内不能大声喧哗，要遵守公共秩序。

活动准备

1. "参观图书馆"调查表、图书馆工作证人手一份。
2. "参观图书馆后的谈话" PPT，包括书的分类编号、书柜的分类编号、图书馆场馆区域、图书借阅的照片或视频等内容。

活动过程

一、大胆讲述自己看到的图书馆，对图书馆有初步的认识

1. 幼儿自由交流"参观图书馆"调查表。
2. 幼儿在集体面前大胆讲述自己的调查表，说说：自己了解的图书馆是什么样子的，图书馆里有些什么书，图书馆分为哪几个场馆和区域，最喜欢哪个区域，理由是什么。
3. 小结：图书馆是人们看书、借书、学习的地方。

二、建立班级小小图书馆

1. 为班级图书馆选择区域，了解班级图书情况。

（1）思考区域设在哪里最合适。

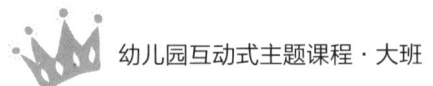
（2）检查班级图书馆的现有情况：书不够、书太乱、书太旧、有破损等。

2. 讨论怎样解决这些问题。

教师根据幼儿回答，将幼儿分成4组（建设组、分类组、修补组、智囊团），并发放工作证。

3. 各组根据所需准备材料，为建立班级图书馆做好准备。

活动3　小小图书管理员（二）

 活动目标

1. 通过探索操作，初步理解十位和个位结合的意义。

2. 用正确的方法快速取出几十几的物品。

3. 发现生活中许多问题都可以用数学的方法来解决，体验解决问题的乐趣。

 活动准备

9箱图书（每箱10本）、9本图书、三层书架，铃鼓、串铃各一个，11～19的数卡。

 活动过程

一、导入

1. 幼儿当小小图书管理员，整理图书。

2. 幼儿数一数一共有几箱图书，一箱图书有几本，另外还有几本图书。

二、认识10～19的数

1. 教师出示1箱图书：这是几本图书？（10本）添上1本呢？（11本）

教师出示数卡11（十位的1摆在1箱图书下面，个位的1摆在1本图书下面），幼儿认识十位和个位，知道10和1合起来是11，并认读11。

2. 教师以同样方法演示12、13，幼儿认读。

3. 教师增加难度，幼儿感知十位数和个位数关系。

教师：有1个数字，十位是1，个位是8，这个数是多少？

4. 幼儿操作，根据教师的要求（听数、看数）取放图书（数量为11～19）。

三、认识100以内的数

1. 复习100以内的整10数，听数取放图书。

2. 操作探索：取出85本书。

3. 交流自己的操作结果。

4. 小结：8箱图书是80本，再添上5本就是85本，80和5合起来是85。

四、进行游戏

1. 整理图书：幼儿根据教师的要求（听数、看数），把图书放进书架。

2. 大铃和小铃：铃鼓响一下代表10，串铃响一下代表1，教师敲铃鼓和串铃，幼儿猜数字。如铃鼓响3下，串铃响8下，合起来是38。

五、活动自然结束

活动4　建立班级图书馆

活动目标

1. 了解班级图书馆的不同分工以及具体工作内容。

2. 能与同伴分工合作，意见不一致时能协商解决。

3. 乐意认真负责地完成自己所接受的任务。

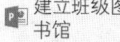

建立班级图书馆

活动准备

1. "参观图书馆调查表"人手一份，制作好的工作证每人一张。

2. 关于图书馆的PPT，包括书的分类编号、书柜上的分类编号、图书馆场馆区域、图书借阅的照片或视频等内容。

活动过程

一、根据分组情况开展工作

第一组整理班级图书馆环境；第二组给图书分类；第三组修补图书；第四组和教师一起观察大家的工作情况，适时指导，并增补人员。

二、指导重点

在第二组和第三组中间加入一两名协调员。

三、操作重点

教师在第二组和第三组安排一些能力强的幼儿，并给予更多的指导和帮助。

四、游戏：图书馆开馆了

幼儿初步尝试借书的过程，教师巡回观察，发现幼儿游戏中存在的问题，为下次活动做准备。

活动延伸

开放班级图书馆，鼓励幼儿从家里带一部分图书和同伴分享，充实班级图书馆。

路径三 走进汉字

活动1 仓颉造字

 活动目标

1. 理解民间故事的内容，了解汉字的由来。
2. 通过观察对比象形文字和现代文字，结合字形理解文字的含义。
3. 乐于参与识字活动，进一步对文字产生兴趣。

 活动准备

1. 象形文字和现代文字图片一套：日、月、水、火、山、目、人。
2. 白纸、铅笔人手一套。

 活动过程

一、故事导入

1. 提问：小朋友们，你们认识汉字吗？你们知道汉字是怎么来的吗？
2. 欣赏故事，理解故事内容，了解汉字的由来。

（1）故事里有谁？古代人们是用什么记录事情的？

（2）仓颉是怎么造字的？他是怎样想到用图画符号表示事物的？

二、集体探索、认读象形文字和现代汉字

1. 观察象形字"日""月"。

（1）提问：这是仓颉创造的文字，你知道是什么字吗？你是怎么看出来的？

（2）小结：这些文字与它所代表的东西，在形状上很相像，是根据事物的外形特征演变出来的，所以人们叫它们"象形字"。

2. 观察象形字"水""火""山""目""人"等，根据文字的基本形象猜想汉字的含义。

3. 教师出示现代汉字，幼儿与象形字进行匹配。

教师：经过很多年，象形文字经过了多次简化，就变成了现在的汉字。这里有几个现代汉字，请你对照象形文字仔细观察，猜一猜是什么字。

4. 个别幼儿将汉字放在相应的象形文字下面，集体读一读这些汉字。

5. 小结：中国的象形文字是最古老的文字之一，是华夏民族智慧的结晶，是从原始的描摹事物的记录方式传承下来的，也是演变至今保存最好的一种汉字字体。

三、书写汉字，进一步萌发对汉字的关注

幼儿在纸上写或画出自己认识的汉字，并与同伴进行交流，体验识字的乐趣。

活动延伸

师幼共同收集象形文字和现代汉字展示在主题墙上，供幼儿进一步感知、阅读。

活动2　三十六个字的故事

活动目标

1. 观看动画视频，了解汉字产生及演变的过程，知道文字表示一定的意义。

2. 观察画面，初步认识36个象形字。

3. 对生活中的文字符号感兴趣。

活动准备

《三十六个字》动画视频，象形字的相应图卡和字卡一套。

活动过程

一、字卡导入

教师出示字卡"山"，提问：这是什么字？它像一座山吗？

二、初步了解象形字

教师：小朋友们，你们知道汉字是怎样产生的吗？大家请看一段视频。

1. 教师播放动画视频的开始部分，幼儿欣赏。

2. 提问：

（1）在动画片里你看到汉字了吗？有哪些字？

（2）这些字是怎么来的？（出示相关图卡、字卡）

3. 小结：古代人根据事物的形状发明了很多汉字，这些字叫象形字，象形字慢慢演变成了今天的汉字。

三、进一步了解象形字

1. 观看视频后半部分。

2. 找一找自己认识的象形字，猜猜是什么汉字。

活动3 汉字魔术表演

活动目标

1. 了解特殊汉字——双重字的组成规律和变化特点。
2. 能从多个汉字中找出双重字。
3. 体验和感受汉字的变化，产生对汉字的兴趣。

活动准备

折纸字卡、白纸、铅笔幼儿人手一套。

活动过程

一、百变魔术师

1. 教师用变魔术的方法引起幼儿学习的兴趣。教师把写有单字的折纸展开变成另外一个字，引起幼儿对汉字的兴趣，并把打开的汉字粘贴在黑板上。

2. 幼儿依次观察多个双重字：从、林、比、朋、炎、吕等。

3. 幼儿说一说这些字都有什么特点，了解这些字被称为"双重字"。

4. 游戏：找一找。幼儿从多个汉字中找出双重字。

二、制作双重字

1. 教师给每名幼儿发一张写有单字的折纸，幼儿写出另一半，感受双重字的特点。

2. 幼儿展示自己制作的双重字。

3. 同伴间一起玩汉字卡片游戏。

三、名字中有双重字的幼儿讲述自己名字中的双重字，教师书写，幼儿观察

活动延伸

幼儿回家后和爸爸妈妈在图书中找找双重字。

活动4　找找字的伙伴

活动目标

1. 能在常见字中找出正确的偏旁。
2. 观察汉字"吃""喝""唱""吹"，能找出它们的共同特征。
3. 了解汉字构成的规律。

活动准备

1. 嘴巴卡片一张，口字旁的汉字卡片四张。
2. 表示吃、喝、唱、吹意义的图片四张。
3. 不同偏旁字的钥匙卡片，小房子图片四张。

活动过程

一、导入

1. （出示嘴巴图片）提问：这是什么？如果用现在的汉字来表示的话，该用什么字呢？（出示"口"字）

2. 小结：嘴巴用汉字来表示可以读作"口"字。今天"口"是和它的小伙伴们一起来的，让我们一起来认识它们吧。

二、认识"口"字旁的汉字，初步了解汉字的构成规律

1. 以图猜字。

2. 认识偏旁"口"字旁，知道"吃""喝""唱""吹"四个字的构成规律。

三、进行游戏"有趣的嘴巴"，巩固新学的动词

1. 幼儿用动作表示拿到的一个动词，拿到一样动词的幼儿站起来。

2. 用一句话来说明这个动词，例如：我爱吃……；我想喝……；我正在……。

3. 小结："口"字偏旁的字大多和嘴巴有关系。

四、认识"火字旁""木字旁""三点水""草字头"

教师：今天我们认识了"口"字旁的伙伴，现在其他的字宝宝也等着我们去认识它们呢！

1. 辨认象形字，延伸偏旁的认识，并把四个部首贴在四座房子的房顶上。

2. 每个幼儿拿一个不同偏旁的"钥匙"卡片贴在小房子上，并互相检查。

活动延伸

1. 在语言区投放不同偏旁的字进行分类活动。

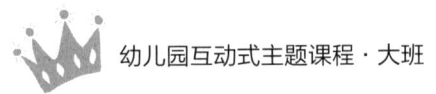
2. 与爸爸妈妈一起认识更多的偏旁。

活动5　制作同音字小书

 活动目标

1. 知道汉字中有很多同音字。
2. 尝试结合已有生活经验找出同音的字，并通过绘画的形式表示字义。
3. 产生对汉字的兴趣与好奇。

 活动准备

教师制作好的同音字小书一本，字典、铅笔、纸张每组一份，订书机一个。

 活动过程

一、感知和理解同音字，制作同音字小书

1. 教师出示一本同音字小书，引导幼儿进行欣赏和翻阅。

2. 提问：你在这本小书中发现了什么？（这些汉字都有同一个读音，每个汉字都有一幅对应的图画……）

3. 小结：书中的这些汉字有着同样的读音，但是它们的样子（字形）和表示的含义（字义）都不一样，它们是"同音字"。除了小书上的字，你还知道哪些同音字？

4. 幼儿分组合作制作同音字小书。

（1）设计和制作封面。

（2）每组共同商量出一个字音。

（3）每个幼儿把自己想出的同音字用绘画的方式记录下来。

二、整理、阅读自制的同音字小书

1. 每组幼儿代表介绍小书中的同音字。

2. 教师利用展台和幼儿一起分享同音字小书，并根据幼儿讲解内容在画面上标注汉字。

3. 小结：我们的汉字有着非常悠久的历史，每个字都包含着丰富的含义。除了同音字，汉字中还有许多有趣的地方等着我们去探索、去发现。

（备注：此活动为综合活动，前半部分活动为幼儿制作小书，后半部分活动为师幼共同整理、阅读小书。活动中间幼儿可如厕和休息）

 活动延伸

1. 鼓励幼儿回家后和家长一起制作自己的同音字小书。

2. 区角活动：将幼儿制作的小书投放在语言区，供幼儿自由阅读和交流。

活动6　有趣的象声字

　活动目标

1. 认识生活中常见的象声字。
2. 初步了解象声字，知道象声字出现的对应情景与事物。
3. 在游戏中产生对象声字的兴趣。

　活动准备

　　自然界各种声音、动物叫声的音频，常见象声字的带图字卡一套，绘画纸、彩笔人手一份。

　活动过程

一、倾听各种声音，萌发兴趣

1. 教师播放自然界的各种声音，如动物的叫声，请幼儿听一听。
2. 幼儿说一说听到了什么声音，并模拟这些声音。例如：大雨（哗哗），小雨（滴答），刮风（呼呼），打雷（轰隆）。

二、认识常见的象声字

1. 教师出示图片，幼儿模仿相应的声音，教师随后出示相应字卡。
2. 小结：字卡上的汉字有一个共同的名字叫象声字，象声字是用来模仿各种声音的字。

三、游戏：猜一猜

1. 师幼共同游戏：根据各种不同声音，猜出相应的情景或物品。
2. 幼儿分小组进行游戏。

四、绘画活动

1. 幼儿用绘画的形式表现象声字对应的情景或物品。
2. 展示作品，欣赏并模仿其声音。

活动7　印章的秘密

　活动目标

1. 初步了解印章的制作方法，并尝试刻出自己名字中的一个字。

2. 通过观察、触摸印章，发现印章的奥秘。

3. 乐意动手制作印章，体验刻章的乐趣。

 活动准备

"印章" PPT，每名幼儿带一枚印章，萝卜、印泥、白纸、牙签人手一份。

 活动过程

一、观察触摸印章，发现印章的奥秘

1. 提问：印章上面有什么？这些字摸上去感觉怎么样？

2. 幼儿自由探索，同伴之间相互交流自己的发现。

3. 幼儿发现印章的不同特征——凹凸感。

二、欣赏印章PPT

小结：印章上的字是凸出来的，其他的地方是凹进去的，所以印章是凹凸不平的。

三、初步尝试制作汉字印章

1. 讨论印章制作方法，了解制作印章需要有硬度适宜的介质、雕刻工具、颜料和纸张。

2. 教师介绍工具，幼儿选择自己名字中的其中一个字，尝试制作汉字印章。

3. 幼儿制作汉字印章，教师巡回指导。

4. 提问：你刻了什么字？是用什么办法刻的？

5. 小结：刻章的经验是用力均匀，线条流畅。

6. 幼儿把刻的字印出来，并观察交流。

教师：这些字和印章上的字一样吗？你们拿在手里仔细看一看，对比一下。

教师：当你在印章上正着刻汉字时，印出来的字就是反的，就像我们现在印出来的；当你在印章上刻出来的字是反的，印出来的字才是正的。

四、再次尝试刻汉字

 活动延伸

幼儿与家长共同制作自己名字的印章（用萝卜、茄子、土豆等）。

活动8　中国造纸术

 活动目标

1. 知道中国是世界上最早发明造纸术的国家，造纸术是我国古代四大发明之一，萌发身为中国人的自豪感。

2. 通过观察、实验做一张纸，知道纸的特性及用途，从而产生节约用纸的意识。

 活动准备

1. 各种类型的纸张（白纸、报纸等），纸制品（纸杯、装饰画等），"造纸术" PPT（蔡伦画像、龟壳、竹简），造纸过程的视频。

2. 幼儿以小组为单位自制一桶纸浆，过滤网、抹布、塑料板人手一份。

 活动过程

一、鼓励幼儿观察、实验，了解纸的特性及用途

1. 幼儿观察各种纸制品，边看边讨论。

2. 提问：刚才小朋友看到的这些玩具、书本、画、纸盒等，是用什么材料制成的？纸有哪些特点？

3. 小结：纸很轻，易吸水，易损坏，易燃烧；纸可以折叠、揉皱、撕碎，因此使用纸制品时要爱惜。

4. 提问：你用过哪些纸？纸还有哪些用处？

5. 小结：纸的种类很多，常用的有蜡光纸、皱纹纸、图画纸、宣纸、书写纸等。纸的用处很大，写字、画画、包装等需要纸，我们学习、生活和工作都离不开纸。

二、通过PPT，帮助幼儿了解纸的演变过程

1. 提问：纸是谁发明的？什么时候发明了纸？（让幼儿讨论一会儿后教师告诉幼儿）现在我们有了纸，可以在纸上写字，用纸印刷书本。可是很久以前，还没有发明纸的时候，古人把字写在哪里呢？（幼儿讨论，教师逐一出示PPT：龟壳、竹简、布）

2. 介绍龟壳：我们的祖先为了记事，就把字刻在动物的骨头或者外壳上。

3. 介绍竹简：后来古人想办法把字写在竹片上，然后用绳子把竹片一片片连接起来，变成一本书。

4. 介绍布：后来古人又动脑筋，把字写在布上。布与甲骨、竹简比较，哪种好？好在哪里？布跟纸比，哪种更好？为什么？

幼儿比较龟壳、竹简、布当书写品的优缺点，感受知道中国人的勤劳聪明，想出的办法一个比一个好。

三、介绍蔡伦及造纸术

1. 教师出示蔡伦画像，通过故事的形式向幼儿介绍蔡伦发明造纸术的经过。重点介绍蔡伦动脑筋，想办法，克服重重困难，终于发明了纸的艰辛过程。

2. 教师播放视频，幼儿观看。

3. 小结：蔡伦发明了造纸术，中国就有了纸。当时外国人还不知道怎样造纸，只能在羊皮、树叶上写字。后来，我们中国的造纸技术传到朝鲜、越南、日本等国家。所以，中国是最早发明造纸术的国家。过去，我们是用手工造纸，现在用机器造纸，科学家又不断创造发明，造纸的技术越来越先进。

四、自制纸张

1. 自制纸张。

（1）回忆造纸的方法与过程。

（2）拿出泡好的纸浆，讨论合作制作纸张的要求和注意事项。

2. 两人一组合作造纸。

（1）取适量纸浆放在过滤网上滤出多余的水分。

（2）把纸浆倒在塑料板上，用手拍成薄薄的一层。

（3）用抹布擦掉多余的水分。

3. 把做好的纸拿到室外晒干。

 **活动延伸**

幼儿在制作好并晒干的纸上作画。

区 域 设 置

主题八"神奇的书"区域设置

区域名称	区 域 材 料	具 体 活 动
语言区	各种各样的书：洞洞书、线装书、塑料书等	了解书的种类
科学区	1. 造纸过程的图片 2. 印刷的图片 3. 餐巾纸、木板等	根据造纸过程的图片，利用投放的材料进行造纸
美工区	绘画纸、水彩笔、各种彩线	自制图书、制作手链
建构区	木制积木	建造我的图书馆
主题墙面	1. 各种各样的书 2. 怎样找到自己想要的书 3. 书的制作过程	

主题 九

有 趣 的 夏 天

　　夏天是快乐的季节，充满了神秘，幼儿在嬉戏中能够积累有关夏日的经验，引发对夏天许多问题的思考，并在不断的探索中发现光与影的变化。

　　夏天也是一个炎热的季节，防止烫伤和防暑降温是幼儿进行自我保护要掌握的本领。

　　中国的传统节日——端午节也将在夏天到来，幼儿可在制作香囊活动中感受节日习俗，体验节日的乐趣。

　　1. 感受夏天光与影的变化，能对夏天的事物或现象进行观察，产生好奇，喜欢探索和尝试。

　　2. 在活动中愿意接受同伴的意见和建议。

　　3. 不贪喝冷饮，多喝白开水，养成良好的饮食、卫生习惯。

　　4. 了解简单的预防烫伤及自救方法，有自我保护意识。

　　5. 了解端午节的由来，知道端午节是我国传统节日。

路径一 有 趣 的 影 子

活动1 树   荫

 活动目标

1. 理解故事内容，知道树荫的位置是会变化的。
2. 能关注周围事物，认真思考，并用较完整的语言积极参加讨论。
3. 在游戏中体验寻找影子的乐趣。

 活动准备

故事《树荫》PPT。

📄 树荫

 活动过程

一、回忆有关树荫的经验

1. 讨论：夏天到了，你们在室外玩的时候喜欢站在哪儿？为什么？
2. 小结：夏天，小朋友喜欢在树荫下活动，因为树荫下很凉快。有一只小熊也喜欢树荫，我们来听一听它的故事。

二、欣赏了解故事内容

1. 欣赏故事，初步了解故事内容。
2. 提问：故事中有谁？发生了什么事情？
3. 观看PPT再次欣赏故事，进一步熟悉故事内容。
4. 讨论：小熊是被什么烫醒的？是谁和它开玩笑的？它想用什么方法将树荫留住？它能留住吗？为什么？（根据幼儿讲述的情况加以补充）

三、游戏：找影子

到户外寻找不同物体的影子，师幼共同观察讨论影子的变化。

附故事

树 荫

　　火辣辣的太阳，凉爽爽的树荫，小熊在树荫下睡得又香又甜。突然，它被火辣辣的东西烫醒了。小熊跳起来，揉揉眼睛，一看："哟，树荫跑开了，谁在开玩笑？"小熊很生气，它问小树，小树说："我不知道！"它问小鸟，小鸟说："我没看见！"一只小狗走过来，小熊问小狗，小狗说："自己想想！"

　　小熊抬头望望太阳，太阳笑嘻嘻的，小熊低头望望树荫，树荫跑到另一边去了。小熊拍拍脑袋："哦，我知道了，是太阳在开玩笑。"小熊找来木桩，找来绳子……它把树荫牢牢钉住，牢牢捆住。

　　小熊又在树荫里，睡得又香又甜。不一会儿，小熊又被火辣辣的东西烫醒了。小熊跳起来，对着太阳挥挥拳头："你真坏，你真坏！"

活动2　踩 影 子

活动目标

1. 了解游戏规则，通过观察影子的变化，能与同伴协作游戏。

2. 在游戏中能够根据情境变化灵活躲闪，有目标地奔跑。

3. 感受追逐游戏带来的乐趣。

活动准备

1. 幼儿有找影子的经验。

2. 选择有太阳的晴天，活动前保持场地空旷。

活动过程

一、热身操

二、基本活动：玩踩影子游戏，练习躲闪和追逐

1. 幼儿在阳光下观察自己的影子。

2. 幼儿变换姿势，看影子的变化。

3. 幼儿两人一组玩"踩影子"游戏：一人跑，一人追逐其影子，踩到影子后，交换角色，游戏重新开始。

4. 集体玩"踩影子"游戏。游戏规则及玩法：在指定范围内，一人做踩影子的人。幼儿先集体说儿歌：影子长，影子短，影子影子变变变；我来追，你来跑，抓住你呀跑不掉。然后，踩影子的人追逐其余幼儿四散跑，被踩到影子的幼儿到场外休息。

　　5. 教师和幼儿共同游戏 2 ～ 3 遍。

三、放松活动

活动3　影子的造型

 活动目标

　　1. 了解影子的特点，尝试用身体动作或其他材料进行影子造型。

　　2. 与同伴合作尝试各种影子造型。

　　3. 在游戏中体验手影创作的新奇与乐趣。

 活动准备

　　1. 光源设备：台灯、展台、手电筒等。

　　2. 辅助材料：不同形状的玩具、七巧板、小球。

 活动过程

一、了解影子的特点

　　教师：影子是什么样子的？影子会发生变化吗？

二、讨论

　　教师：在没有光线或光线弱时，可以用什么办法制造影子呢？（可以利用台灯、展台、手电筒或打开教室的一侧灯制造影子）

三、制造影子

　　1. 幼儿两人合作利用手电筒制造影子。

　　2. 说一说：自己是怎么制造出影子的？都制造出了什么造型的影子？

　　3. 讨论：为什么同样用手电筒制造影子，有的影子大、有的影子小？

　　4. 小结：影子的变化与光源的位置有关。

　　5. 幼儿再次合作制造影子，重点观察影子的变化与光源的位置及距离远近的关系。

四、欣赏儿歌《手影游戏》

　　1. 教师边演示手影边说儿歌《手影游戏》。

　　2. 教师引导幼儿利用身体动作或辅助材料自由进行影子造型，说说自己的影子像什么。

五、尝试创作更多手影造型

手 影 游 戏

我在墙壁前，表演一双手。

变小猫爬墙走，变小狗张大口，

变鸽子飞上天，变小兔蹦蹦跳……

太阳公公回家去，喜欢它们都带走。

活动4　快乐的"叮叮"

 活动目标

1. 在感受乐曲节奏和结构特征的基础上，学习听辨特定音色。

2. 根据图谱提示，能在"叮叮"时，做出拍、捡、点等相应的游戏动作。

3. 积极参与游戏，体会乐曲轻松愉快的情绪。

 活动准备

藏宝箱版的图谱，奥尔夫乐曲，雪花片若干。

 活动过程

一、感受乐曲旋律

1. 教师鼓励幼儿按节奏逐一点击16宫格中相对应的格子，感受乐曲中的节奏和乐句。

2. 提问：宝贝们，你们见过藏宝箱吗？（引出藏宝箱版的音乐图谱）

3. 幼儿随乐曲按节奏点击图谱。

4. 教师启发幼儿完善图谱内容，提问：音乐中哪些特殊的声音会告诉你金币藏在哪个格子中？

5. 幼儿用不同的方式记忆图谱中"叮叮"的位置。

二、音乐游戏：彩色硬币捡一捡

1. 教师介绍游戏玩法：在布满"硬币"的地面上走一走，在"叮叮"响起时弯腰捡起一枚"硬币"。

2. 教师提出游戏新要求：在每次"叮叮"响起时弯腰捡起相同颜色的"硬币"。

三、互动游戏：点金币

教师引导幼儿随机创编游戏动作，变换方向合作游戏。

四、自然下课

路径二　炎热的夏天

活动1　小心烫伤

 活动目标

1. 初步了解烫伤对身体的危害。
2. 了解简单的预防烫伤和烫伤后自救的方法。
3. 懂得做事要小心，遇到意外不慌张，要积极想办法解决。

 活动准备

1. 皮肤烫伤的图片，"小心烫伤" PPT。
2. 易造成烫伤物品的图片，如煤气灶、热水器、热水瓶等。
3. "哪些东西会烫伤我们"调查表。

 活动过程

一、了解烫伤对身体的危害

1. 出示皮肤烫伤的图片，提问：你看到了什么？他们怎么会这样？被烫到是什么感觉？
2. 讨论生活中哪些东西会烫伤我们，记录在表格中。

（1）讨论：家里有哪些东西会烫伤我们？（幼儿每说出一种物品，教师出示相应的图片或简易图，并记录在表格中）

（2）怎样做才能避免烫伤？

3. 小结：远离高温物体，不玩火，大人不在时不进厨房，能使我们避免烫伤。

二、了解一些轻度烫伤的处理方法

1. 讨论：如果不小心烫伤了怎么办？怎样处理才是最好的？

2. 小结：烫伤了先用冷水冲一会儿，然后用干净的纱布或毛巾盖在伤口上面不动，再找大人帮忙上药或去医院。千万不能随意揉搓烫伤的地方！如果烫得很厉害，不能直接脱掉伤口处的衣服，否则会造成更大的伤害。

 活动延伸

语言区：教师提供一些图片，幼儿讲讲烫伤的危害及处理办法。

调查表

"哪些东西会烫伤我们"调查表

活动2 端午节到了

活动目标

1. 了解端午节的由来及传说，知道端午节是中国传统节日。

2. 通过做香囊等有趣的活动，体验端午节特有的习俗。

3. 能积极参与端午节各种民俗的讨论，感受中国民间节日的韵味。

活动准备

1. "端午节到了"PPT（屈原投江的故事、各种端午节习俗）。

2. 艾草、香囊实物，粽子、彩鸭蛋、赛龙舟的图片。

活动过程

一、谈话导入，萌发兴趣

教师：你们知道什么节日会包粽子、吃粽子吗？（农历五月初五）

二、讨论并欣赏PPT，了解端午节的由来

1. 幼儿说说自己对端午节的了解。

2. 个别幼儿讲述有关端午节由来的故事。

3. 师幼共同欣赏PPT。

（1）提问：关于端午节有许多传说，流传最广的是关于谁的故事？（屈原）

（2）提问：为什么有包粽子的习俗和赛龙舟的传说？

（3）小结：人们为了不让屈原的身体被鱼虾吃掉，专门在端午节这天用粽叶包裹食物给鱼虾吃，赛龙舟也是人们为了驱赶鱼虾而举行的活动。

三、了解端午节的主要习俗

1. 提问：除了包粽子、赛龙舟外，你还知道哪些关于端午节的习俗？（选择个别主要的习俗共同了解，如插艾草菖蒲、吃粽子、喝雄黄酒、挂香囊）

2. 师幼共同欣赏PPT，了解端午节的主要习俗。

（1）提问：这是什么？（艾草）闻一闻是什么味道？人们插艾草菖蒲有什么作用？

（2）提问：这是什么？（香囊）闻一闻是什么味道？它是什么样子的？人们为什么要挂香囊？

（3）提问：还有什么习俗？（吃鸭蛋、喝雄黄酒、挂钟馗像等）

（4）提问：古代人为什么在端午节做这些事？（驱蚊、辟邪、祈福）

（5）提问：你最感兴趣的是哪一个习俗？说说你的理由。

四、结合实际生活，谈谈现在人们过端午节的方式

小结：虽然现在生活水平提高了，但是许多活动人们仍在进行，如包粽子、吃咸鸭蛋等。

五、做香囊

我 要 上 学 了

主题说明

即将毕业的大班幼儿对小学生活感到陌生而好奇。幼儿常常会在一起谈论："小学的教室是怎样的？小学生是怎样上课的？"为了帮助他们全面、直观地了解小学，以积极的心态迎接小学生活，在幼小衔接主题活动中，我们将通过"走进小学""我的小书包""模拟课堂"等活动，激发幼儿入学的愿望，使其做好身心准备，为他们自信从容地步入学校大门铺好道路。

主题目标

1. 产生对小学的好奇和向往，为入小学做好心理准备。

2. 建立初步的任务、责任、规则和时间意识。

3. 体会到自己已经长大了，乐意表达自己对教师、同伴、幼儿园的不舍，体验共同生活中的师生情、同伴情。

路径一 我的小书包

活动1 整理小书包

活动目标

1. 认识、了解学习用品及其作用，知道整理书包的重要性。
2. 初步学习整理小书包，了解整理书包的方法及步骤。
3. 建立做事有条理的意识，培养自我服务的能力。

活动准备

1. 准备整理小书包所需物品：书包1个、文具盒1个、铅笔2支、小卷笔刀1个、橡皮擦1块、20厘米的直尺1把、幼儿用书2本、田字本和数学本各1本、小水壶1个。
2. 录制好的"整理小书包"步骤视频。

活动过程

一、认识学习用品，了解它们的用处

1. 提问：马上就要上小学了，你认为小学生书包里应该装哪些东西呢？为什么？

2. 小结：书包里要装学习用品，如铅笔、尺子、书、本子等。还可以装上小水壶，课间时喝水用。

二、观看情境表演，了解自己整理书包的重要性

1. 提问：你们会整理书包吗？我们看一看下面两位小朋友是怎样整理书包的，你更喜欢谁？

2. 情境表演一：晚上，A小朋友做完作业后自己把学习用品整齐地收拾到书包里。第二天上课，很容易就找出了作业本。

3. 情境表演二：B小朋友做完作业后看起了电视，妈妈帮他收拾，结果拿错了书本，把作业本落在家里了。第二天上课，怎么也找不到作业本。

4. 讨论：为什么A小朋友能找到作业本，B小朋友却找不到？他应该怎么做呢？

5. 小结：要自己动手整理学习用品。

三、观察物品，学习整理小书包

1. 师幼讨论：怎样摆放学习用品？

个别幼儿尝试整理书包，教师播放又快又好的"整理小书包"方法及步骤视频。幼儿比较哪种方法整理得好，说说原因。

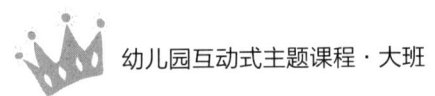
2. 教师总结并示范整理书包的方法及步骤。

第一步，将铅笔沿边放入文具盒，直尺、卷笔刀、橡皮擦整齐放入，盖上文具盒；

第二步，将书本一边对齐竖直放入书包内；

第三步，将练习本一边对齐竖直放到书本前面；

第四步，将文具盒横着放在练习本的前面；

第五步，拉好拉链；

第六步，将水壶放在书包的侧边，整理书包完成。

3. 幼儿整理小书包练习：每次10名幼儿进行练习，教师观察，给予幼儿一定的指导，并对幼儿的练习进行评价。

活动2　有趣的尺子

 活动目标

1. 认识尺子，了解尺子的特征和用途，知道尺子是小学生常用的学习用具。

2. 初步尝试使用尺子量一量、画一画，发现尺子在生活中的作用。

3. 通过操作活动，对小学生活产生兴趣。

 活动准备

尺子人手一把。

 活动过程

一、谈话导入

教师：小学生上学时都会用到哪些学习工具？

二、认识尺子

1. 请幼儿自由观察，发现尺子上的秘密。

2. 同伴之间互相讨论交流自己的发现。

三、找出尺子的不同点和相同点

1. 找找尺子的不同点。

（1）集体讨论。

（2）个别幼儿代表小组发表意见。

（3）小结：尺子的形状、长短不同，它们的用途也不同。

2. 找找尺子的共同点。

教师：它们上面都有刻度，都是用来测量物体长度的工具。

四、玩尺子，发现尺子在生活中的作用

1. 尝试测量物体。

（1）幼儿拿出自己的尺子，尝试测量书本、桌子和椅子。

（2）幼儿说一说自己是怎么测量的。

（3）小结：在测量时，尺子与被测物体的起点要对齐，尺子上面有刻度，记录尺子的刻度就可以了。如果物体比较长，需要在尺子的最后刻度处做好标记，再接着标记往下量，最后把量的刻度加起来。也可以同伴合作，把尺子首尾相接进行测量，把量的刻度加起来。

2. 用尺子画线、作画。

教师：请你们也用自己的尺子在纸上画一画吧！

 活动延伸

在区角中投放尺子供幼儿探索。

活动3 爱惜文具和图书

 活动目标

1. 了解书本、铅笔的作用，知道它们是与自己的生活息息相关的物品。

2. 尝试自己整理并检查自己文具柜中的文具。

3. 知道书本文具是我们的好朋友，要爱护书本文具。

 活动准备

旧图书和新图书、没用完的铅笔和作业本、书包、文具。

 活动过程

一、导入

1. 师幼讨论。

（1）教师拿出旧图书和新图书，提问：更喜欢哪本书，为什么？为什么新的图书会变成这个样子？应该怎样去对待自己的图书？

（2）教师拿出没用完的铅笔和作业本，提问：这些东西都有哪些特点（不是新的）？猜一猜，这些东西老师是从什么地方弄来的？这些东西就像我们的好朋友一样，每天和我们一起学习，没用完可以不要了吗？

2. 教师进行小结。

二、分组讨论：如何爱惜文具和图书

1. 提问：请小朋友来说一说，我们应该怎样爱惜文具和图书？

2. 小结：用过的文具和图书要整理好，不能到处乱放，要一页一页看书，不折书，等等。

三、检查自己的文具柜，发现问题

教师：你文具柜里的文具摆放得整齐吗？你觉得应该怎样摆放？

四、尝试自己整理文具柜，教师巡回查看幼儿整理情况

教师：请小朋友来整理一下自己的文具柜，你们觉得应该如何整理？

个别幼儿说说自己的整理方法。

五、尝试借鉴好的方法再次进行整理

 活动延伸

在图书角增设图书管理员的岗位，开展修补图书的活动。

路径二　我的小闹钟

活动1　我的小闹钟

 活动目标

1. 认识时钟，了解时钟的种类和用途。

2. 巩固对整点的认识，学认半点并能在表盘上拨出。

3. 在探究中能与他人合作与分享。

 活动准备

指针式时钟一个、操作用钟面人手一个、"苗苗的一天"时间表及图片每组一套、音乐《我的小钟》。

 活动过程

一、复习认识整点

1. 观察钟面上数字排列的位置及时针和分针的长短。

教师：这个时钟上有什么？（钟面、指针、数字）

教师：时钟上有几根指针？哪一根是时针？哪一根是分针？

2. 认识整点（当分针指到12时，时针指到几点，就是几点整）。

3. 练习拨整点。

二、学认半点

1. 认识半点（当分针指到6时，时针指到两个数中间，前面的数是几就是几点半）。

2. 练习拨半点。

三、小组操作活动"苗苗的一天"

1. 分小组讨论并合作完成时间表"苗苗的一天"。

2. 教师和幼儿共同讨论并整合各组制作的时间表。

四、音乐游戏"我的小钟"

教师与幼儿伴随着欢快的音乐模仿小闹钟，时而边唱边跳，时而用身体动作表示几点了，在欢乐的气氛中结束活动。

活动2 绘本《金老爷买钟》

 活动目标

1. 阅读并初步理解绘本的主要内容。

2. 通过对绘本画面的观察、学习，认识钟表。

3. 感知时间的流动性，懂得珍惜时间。

 活动准备

绘本《金姥爷买钟》PPT，挂钟一个。

 活动过程

一、记录时间

教师：小朋友们，我们上课前先看一下，现在是几点钟？（9点钟）

二、故事导入

教师：有一位金老爷，从他家三楼的阁楼里找出来一只钟，金老爷在想：这只钟放了这么长时间，不知道还准不准了？小朋友们，你们有什么办法检验一下这只钟是不是还准呢？

1. 金老爷第一次去钟表店买钟。

（1）金老爷选了一只他觉得很准的钟放在了二楼的卧室里。金老爷买回来的这只钟现在几点钟？（3点钟）时针指向几，分针指向几？

（2）现在我们跟着音乐和金老爷一起去看看三楼的那只钟几点了？（3点01分）

2. 金老爷第二次去钟表店买钟。

（1）金老爷选了一只他觉得更准的钟放在了一楼的客厅里。金老爷买回来的这只钟现在几点了？（4点钟）

（2）我们跟着音乐和金老爷一起去看看二楼的那只钟几点了？（4点01分）

（3）我们跟着音乐和金老爷一起去看看三楼的那只钟几点了？（4点02分）

（4）你们知道怎么回事吗？为什么三只钟表的时间不一样呢？（幼儿自由回答）

（5）刚才我们在上楼的时候钟表在干什么呢？我们一起来看看（幼儿边听上楼的音乐边看教师拨动钟表秒针转动一圈）。

（6）幼儿用手指跟随秒针一起演示转动一圈是1分钟（顺时针转动）。

小结：原来金老爷上楼是需要时间的，所以每次金老爷上楼看到的时间都不一样，时间是在不停地流动的。

3. 金老爷年纪大了，他还不知道怎么回事，于是金老爷第三次去钟表店买钟。

（1）这次金老爷去钟表店老板给他推荐的什么样的钟表？这只钟和以前的两只钟有什么不一样？（小、轻、方便上下楼）

（2）最后金老爷回到家，把新买的钟和他家的三只钟一个一个比了比，发现原来它们都是准的。

三、完整阅读绘本

教师：这个有趣的故事就藏在一本绘本里，名字叫《金老爷买钟》，请小朋友们一起来完整地看一看吧。

四、记录时间，感知时间的流逝

教师：小朋友们，我们要下课了，现在是几点钟？（9点30分，感知时间的流逝）

五、幼儿讲述对时间重要性的认识，教师总结（合理安排时间、珍惜时间等）

活动3　制订计划表

 活动目标

1. 能够关注自己的作息时间，知道做计划的重要性。
2. 能在成人的帮助下制订计划表并尝试执行计划。
3. 懂得遵守时间的重要性。

 活动准备

教师自制计划表一份，空白计划表、纸、笔人手一份。

活动过程

一、复习对整点和半点的认识

二、幼儿观察教师制订的计划表

1. 教师向幼儿展示计划表并讲解计划表的内容，重点引导幼儿观察计划表的记录形式（简单的图示）。

2. 提问：为什么要制订计划表？（了解计划表的作用）

三、关注自己的作息时间，和同伴交流自己一天的时间安排

四、制订自己的计划表

五、展示计划表，分享经验

教师：我们可以在家里和爸爸妈妈一起执行自己的作息计划，并学会遵守时间。

活动4　和时间赛跑

 活动目标

1. 复习整点、半点，知道时钟的基本用途。

2. 在游戏中体验时间的长短，懂得参与各项活动都要抓紧时间、不拖拉的道理。

3. 养成珍惜时间的良好习惯，为入小学做准备。

 活动准备

倒计时视频，钟表的"滴答"声音频。

 活动过程

一、复习整点、半点

二、感知时间的长短，体验时间流逝的紧迫感

1. 以活动为载体，用倒计时的形式感受时间流逝的紧迫感。

教师：你们就要从幼儿园毕业，成为小学生了，大家都觉得要珍惜在幼儿园的每一分钟。今天我们用十分钟来画一幅画，并进行倒计时（用钟表的"滴答"声和数字倒计时营造紧迫感的气氛）。

2. 教师发出开始、结束的指令。

3. 根据情况可以再次开展倒计时的活动，如五分钟整理书包等。

三、启发讨论

教师：平时我们应该怎样抓紧时间？（鼓励幼儿在日常生活中学会珍惜时间）

活动延伸

在区角中设置毕业倒计时牌。

路径三　我心目中的小学

活动1　我心目中的小学

 活动目标

1. 能够大胆地用语言表述自己心目中小学的形象。
2. 运用绘画的形式表现"我心目中的小学"。
3. 对小学生活产生好奇和向往之情。

 活动材料

绘画纸、彩色笔人手一份。

 活动过程

一、用语言表述"我心目中的小学"
1. 提问：就快要上小学了，你心目中的小学是什么样子的呢？
2. 鼓励幼儿大胆想象并用语言表达自己的想象。
二、根据想象尝试用绘画的形式表现"我心目中的小学"
教师：请你把你心目中小学的样子画下来。
幼儿作画，教师巡回指导。引导幼儿大胆作画，表现自己心中的小学形象。
三、展示作品，积极讨论
幼儿互相交流自己的作品，看看同伴心目中的小学是什么样的。

活动2　走 进 小 学

 活动目标

1. 观察和发现小学与幼儿园的不同之处，了解小学生的学习和生活环境。
2. 和小学生共上一节课，初步了解小学生的上课常规。

3.向往小学生活，萌发成为小学生的自豪感。

活动准备

1.安排好路口的安全维护。

2.与对应的小学联系参观事宜。

活动过程

一、参观前

1.提问：再过几个月，小朋友们就要升入小学了。可是，你们知道小学是什么样子的吗？它和幼儿园有什么一样的地方和不一样的地方？

2.幼儿自由讨论。

二、走进小学

1.提问：到小学参观的时候我们要注意什么呢？

2.幼儿自由讨论。

3.教师总结。

（1）从幼儿园走到小学，在过马路时不要东张西望，做个遵守交通规则的好孩子。

（2）进入小学后，要注意安全，并遵守活动规则。

①在参观过程中要仔细看，不离开队伍。

②不大声说话，影响小学生学习。

③爱护学校里的花草树木，不摘花，不踩草坪。

三、参观小学

1.参观学校的环境。认识教室、操场、厕所、图书室的具体位置，知道这些地方是小学生生活、学习的重要场所。

2.和哥哥姐姐共上一节课。

要求：全体幼儿到达小学后，每班列成人数大致相等的两队，班级的两位教师分别站在两队的队首，由小学教师带领进入班级和小学生共上一节课。

3.观看小学生的课间十分钟（间操）。

4.与小学的教师和哥哥姐姐们告别，安全返回幼儿园。

四、谈话活动

1.表达与交流：你在小学里看到了什么新奇的事物？该怎样做个小学生？

2.表达与创造：请把你在小学里看到、听到的事物和幼儿园生活比较后，用表格记录下来。

活动3 模拟课堂

 时间

第一时间段：9：00—9：40教学活动；9：40—9：50课间十分钟；
9：50—9：55小结。

第二时间段：10：00—10：40教学活动；10：40—10：50课间十分钟；
10：50—10：55小结。

 地点

班级教室，桌椅按照小学教室桌椅形式摆放。

 活动准备

1. "模拟课堂"PPT，上下课音乐音频。
2. 按照小学课堂要求摆放桌椅。

 活动具体安排

一、参观回顾（在本班教室进行，8：30—8：50）

1. 提问：前几天我们参观了×××小学，并和哥哥姐姐共同上了一节课。在课堂上你都看到了什么？（教师根据幼儿的回答进行提炼）他们是怎样听讲的？（坐姿端正、眼睛看教师等）

2. 出示PPT，总结：小学生在上课时要坐姿端正，眼睛看老师，专心听讲，不随便说话，积极回答老师提出的问题。

3. 提问：课间十分钟小学生都做了些什么？

4. 出示PPT，总结：课间休息时，哥哥姐姐们有的在为下节课做准备、有的上厕所、有的喝水，还有的在休息……

二、听辨上、下课的铃声

三、模拟小学生（9：00—9：55）

教师：小朋友们观察得很仔细，今天老师就带你们到小学生的教室去模仿哥哥姐姐上课吧。

1. 幼儿背上书包，在教师的带领下到教室进行模拟课堂练习。

2. 模拟课堂。

（1）幼儿进入教室坐好，教师播放上课铃声，幼儿起立和教师互相问好。

（2）教师开展集体教学活动（欣赏绘本或复习10以内的加减等），时间为40分钟。

（3）教学活动结束时，教师播放下课铃声，幼儿在教师的提示下安排自己的课间十分钟。

（4）课间十分钟结束后，教师再次播放上课铃声，幼儿进入教室后，教师对本次模拟课堂情况进行总结。

教师：今天小朋友们模仿了小学生，听铃声上、下课，在课堂上专心听讲、举手发言，还能够合理地安排自己的课间十分钟，做得非常好。你们已经做好了成为小学生的充分准备，老师祝贺你们即将成为合格的小学生！

活动4 上 学 路 上

 活动目标

1. 了解家附近的小学，知道上小学要走的线路。
2. 知道上学路上要遵守交通规则。
3. 产生上学的愿望，体验做一名小学生的快乐。

 活动准备

1. 提前观察上小学的路线，画好上学的路线图。
2. 图片：小学、马路、斑马线、红绿灯、小地图等。
3. 场景布置：上学的路。

 活动过程

一、知道家附近的小学，讲述上学要走的路线

1. 提问：你家附近有哪所小学？
2. 幼儿拿出地图相互讲述"我上学该怎么走"。
3. 部分幼儿到展台处讲述。

二、上学路上要遵守的交通规则

1. 教师展示马路图片引导幼儿认识快车道、慢车道、人行道，知道行人要走人行道，不能在车道上玩耍打闹。
2. 展示红绿灯图片，引导幼儿知道红绿灯的重要性，知道红灯停、绿灯行。
3. 展示斑马线图片，引导幼儿知道穿马路时要走斑马线。
4. 教师总结。

三、帮小明找上学的路

1. 教师出示下图，引入情境。

上学的路

2. 幼儿讨论小明上学应该怎样走，要注意遵守哪些交通规则。

3. 部分幼儿进行讲述。

四、情境活动：上学路上

幼儿分角色活动，按照正确的交通规则行走。

路径四　我要毕业了

活动1　送给弟弟妹妹的礼物

 活动目标

1. 与父母一起整理小时候的玩具，并愿意将闲置的玩具赠送给弟弟妹妹们。

2. 学习用连贯的语言表达自己的想法，同时认真倾听同伴的表达。

3. 产生对幼儿园的依恋之情、对弟弟妹妹的爱护之情，萌生我长大了的自豪感。

 活动准备

以班级为单位，请家长利用双休日和幼儿一起整理小时候玩过的玩具，并将闲置的玩具带到幼儿园。

 活动过程

1. 幼儿将玩具带到班上，大家互相介绍自己带来的玩具。

2. 讨论：在送礼物时如何向弟弟妹妹进行表达。

3. 教师进行小结。

（1）表达自己长大了就要毕业离开幼儿园，成为一名小学生，愿意将闲置的玩具送给弟弟妹妹。

（2）对弟弟妹妹说祝福的话。

4. 制作爱心卡片。

（1）装饰爱心卡片并写上祝福的话。

（2）写上自己的姓名和班级。

5. 带上礼物和爱心卡片去中班赠送给弟弟妹妹。

6. 一起和弟弟妹妹玩玩具。

活动2　绘本《勇气》

 活动目标

1. 能够专注阅读绘本，理解绘本内容，并结合生活经验，初步了解"勇气"的含义，知道生活中做许多事情都需要勇气。

2. 能够大胆表达自己对"勇气"的理解，愿意在生活、学习中迎接挑战。

3. 有勇气面对即将到来的小学生活。

 活动准备

绘本《勇气》的PPT，绘本人手一本。

 活动过程

一、谈话导入

教师：今天老师给小朋友们带来了一本非常好看的图书，书名叫《勇气》。你们听说过勇气吗？勇气是什么？

二、观察绘本封面

1. 提问：小男孩在干什么？他是一个有勇气的人吗？你是从哪里看出来的？

2. 教师出示PPT——封面及跳水页面，提问：你看到了什么？

3. 小结：勇气就是战胜害怕的心理，比如一个人敢从跳板上跳下来，说明他是一个有勇气的人。

三、自主阅读绘本

教师：在这本书里还有很多有勇气的行为，咱们一起来看看。

幼儿自主阅读绘本《勇气》。

四、分析部分画面，理解勇气的含义

1. 提问：你在这本书里找到勇气了吗？你是从哪里看出来的？

（1）幼儿大胆发言，教师选取相应的画面用短句进行总结。例如：勇气，就是要敢于尝试，敢于挑战自己。

（2）教师出示幼儿没有说出的画面，幼儿说说对勇气的理解，教师分析总结。

2. 教师播放选取的部分PPT，有感情地进行讲述。

勇气有很多种/有的令人敬畏/有的平平常常/总之，不管哪一种——/勇气就是勇气/勇气，是你第一次骑车不用安全轮（教师：勇气，就是要敢于尝试，挑战自己）/勇气，是你有两块糖，却能留一块到明天（教师：勇气，就是坚持）/勇气，是吃蔬菜时不做鬼脸，先尝尝再说（教师：勇气，就是要敢于尝试，挑战自己）/勇气，是和别人吵架后你先去讲和（教师：勇气，就是大方）/勇气，是爱他，却不摘它（教师：勇气，就是能够控制自己的行为）/勇气，是不开灯就上床睡觉（教师：勇气，就是勇敢）/勇气，是解释你的新裤子是怎么破的（教师：勇气，就是诚实，敢于承认）。

3. 师幼共同阅读绘本。

教师：这本书好像一首优美的诗歌，请小朋友和老师一起来讲一讲吧（播放PPT，跟说绘本内容）。

4. 幼儿再次自主完整阅读。

教师：请小朋友们再来读一遍这本书，边读边思考下面两个问题。

（1）在生活中，你觉得谁是有勇气的人，为什么？

（2）你做过哪些有勇气的事情？

五、教师小结

教师举例自己做过的一件有勇气的事情，并对勇气进行总结。

教师：在我们的生活中很多时候需要勇气；勇气，就是要敢于尝试，挑战自己；勇气，是上学后主动地结交新朋友，不羞涩；勇气，是上学后遇到困难，先自己想办法；勇气，是上学后遵守时间，早睡早起不迟到。孩子们，你们都是有勇气的好孩子，你们一定能成为优秀的小学生，老师真为你们高兴！

活动3 我的自画像

 活动目标

1. 了解人物五官和脸型的特点，能用绘画的形式将它表现出来。

2. 能大胆作画，并画出自己的主要特点。

3. 体验绘画活动带来的乐趣。

活动准备

　我的自画像

1. 幼儿具有关于五官的知识经验。
2. 勾线笔、彩色打印纸人手一份，班级幼儿画像PPT。

活动过程

一、游戏：猜一猜

找出画像中的小朋友。

教师：老师这里有一张小朋友的画像，我们一起来看一看、猜一猜，这是谁呢？你是从什么地方看出来的？

二、观察自己的样子

1. 提问：今天老师还帮小朋友们准备了镜子，我们一起看看，镜子里的自己是什么样子的？谁来说一说自己长的是什么样子？

2. 小结：我们知道每个人长的都是不一样的，有的人脸圆、有的人脸尖，还有的人脸是长的；有的人眼睛大、有的人眼睛小；有的人头发长、有的人头发短……

三、幼儿作画，教师巡回观察

1. 教师提出作画要求。

教师：小朋友在画的时候，先将自己的脸型画出来，再根据自己的特征添上五官和头发。注意画的时候，要画出自己和别人不一样的地方。

2. 教师重点指导幼儿画出自己的面部特点。

四、欣赏与评价

教师：这是谁？为什么你们说是他？（分析个别幼儿画的人物的头发、眼睛、脸型）

五、展示作品

活动4　难忘的幼儿园生活

活动时间

六月份最后一周。

活动要求

1. 以三年幼儿园生活中最难忘的一件事为例，幼儿和父母用文字或图片的形式表达对幼儿园生活的不舍和热爱，共同制作"难忘的幼儿园"画报。

2. 教师在KT板上布置出画报。

3. 在幼儿园的前院布展一周，请全体师生和家长欣赏。

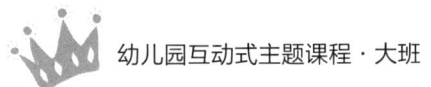

4. 展出完毕后，由幼儿园收藏。

活动5　集体舞"庆六一"

 活动时间

建议"六一儿童节"前一周开展。

 参加人员

全班小朋友。

 活动流程

1. 欣赏音乐《田纳西摇摆舞》或《波洛涅兹舞曲》。
2. 师幼一起讨论、编排动作。
3. 师幼一起编排队形，并分段练习。
4. 完整练习。
5. 师幼一起讨论服装、道具等演出事宜。
6. 参加幼儿园集体舞展演。

活动6　快 乐 城 堡

 活动目标

1. 在庆祝"六一"系列活动中积极参与，体验合作与交往的快乐，度过一个幸福、难忘的"六一"儿童节。
2. 有参与竞技游戏的强烈兴趣，会自觉遵守游戏规则。
3. 知道这是自己在幼儿园的最后一个"六一"儿童节，产生对幼儿园的依恋之情。

 活动准备

1. 各班布置好游戏环境，张贴游戏流程图和出入口标志，使幼儿能够快速、清楚地明白游戏玩法。
2. 以班为单位做好游戏项目的器材准备。
3. 开馆音乐、闭馆音乐、播放器等。

4. 游乐场门票人手一张。

 活动时间及场地安排

一、活动时间：5月31日上午9：00—10：00

二、活动场地：教室内

三、活动内容

（1）赶小猪；（2）五人六足；（3）夹豆豆；（4）喂老虎；（5）快到碗里来；（6）快乐套圈；（7）鼓声咚咚；（8）蚂蚁搬豆；（9）穿越封锁线。

四、游戏规则及要求

1. 开馆前向幼儿强调游戏规则。

（1）每名幼儿持门票选择三个游艺项目进行游玩。每玩一个项目请教师在门票相应位置做标记。

（2）鼓励幼儿结伴游玩，在游玩过程中听指挥，听到闭馆音乐能及时回到本班。

2. 9：00每班播放开馆音乐提示幼儿活动开始，10：00播放闭馆音乐提示幼儿结束游戏，及时回班。

五、人员安排

1. 配班教师：负责组织游戏。

2. 班主任：

（1）负责在教室门口组织前来参加游戏的幼儿；

（2）在游戏券上做标记（备注：根据情况可以自行调整）。

3. 实习教师：

（1）提醒幼儿在走廊里不上下楼梯、不跑跳、不走出游玩区域；

（2）遇到人多的班级及时疏散；

（3）和家长交流沟通时，注意委婉客气地表达。

活动7 毕业季之班级联欢会

进入六月，大班幼儿将面临毕业。在六月份三周的课程中，将安排班级联欢会和大班全体幼儿的毕业典礼。班级联欢会节目的编排和设计突出教师、幼儿、家长之间的不舍之情。在班级联欢会的形式上更加凸显家长的主动性和参与性。可以邀请家长独自表演节目，也可以家长和幼儿互动表演节目。一定要避免注重幼儿技能表演的节目形式；大班全体幼儿的毕业典礼要更突出仪式感。大班幼儿在全体教师、家长的共同关注下，在隆重的典礼中接过毕业证，勇敢和自豪地迎接下一阶段的成长。

大 _____ 班毕业联欢会方案

序号	名　　称	参 与 者	要　　求	材　　料	组 织 者
1					
2					
3					
4					
5					
6					
7					
8					
9					
演出地点		演出时间			

表格说明：本表格为班级教师填写的班级联欢会节目单，表格填好后由教学管理部门审核。

活动8　毕业季之毕业典礼

活动时间

××月××日上午8：00。

活动地点

幼儿园草坪。

活动准备

椅子、条幅、鲜花、音响设备。

活动过程

1. 入场：幼儿在教师、家长的掌声中隆重入场。

2. 园长致辞。

3. 教师祝福。

要求：所有大班教师以班级为单位，由班主任代表为幼儿送上祝福。内容要表达出对幼儿的不舍、期盼和深深的爱。

4. 家长致谢。

要求：从大班家长中邀请两位家长来主持，男女各一。

（1）家长代表以朗诵的形式向幼儿园和教师表达谢意及对幼儿园的不舍之情。

（2）家长、幼儿代表为教师献花（手捧花）。

这个环节让教师们在此时此刻更加体会到教师职业的幸福感、神圣感。

5. 颁发毕业证。

形式：根据会场布局，各班在各自区域内同时发毕业证书。各班幼儿依次入场。

要求：班主任递上证书，保教主任或园长发给幼儿，幼儿向教师鞠躬表示谢意，教师回礼。通过这个环节让每个幼儿都体会到自己长大了，幼儿园生活即将结束。

6. 节目表演。

（1）毕业诗。

（2）毕业歌《老师再见了》。

（3）亲子集体舞。

区 域 设 置

主题十"我要上学了"区域设置

区域名称	区 域 材 料	具 体 活 动
语言区	1. 绘本《金老爷买钟》 2. 废旧图书	1. 安静地阅读绘本 2. 修补图书
科学区	幼儿自制的钟表、各种尺子	认识整点和半点、学习测量
美工区	绘画工具	1. 绘制"我的计划表" 2. 设计小书包 3. 描绘"我心目中的小学生"
建构区	插塑玩具、木制积木	搭建"我心目中的小学"
表演区	音乐《上学歌》	演唱《上学歌》
主题墙面	1. 毕业倒计时表 2. 幼儿作品展：我心目中的小学 3. 幼儿作品展：我的自画像 4. 主题展：难忘的幼儿园生活	

图书在版编目(CIP)数据

幼儿园互动式主题课程. 大班/郝江玉,董晓妍主编. —上海：复旦大学出版社，2022.6
（2025.10 重印）
ISBN 978-7-309-16082-6

Ⅰ.①幼… Ⅱ.①郝…②董… Ⅲ.①学前教育—教学参考资料 Ⅳ.①G613

中国版本图书馆 CIP 数据核字（2021）第 277464 号

幼儿园互动式主题课程·大班
郝江玉 董晓妍 主编
责任编辑/赵连光

复旦大学出版社有限公司出版发行
上海市国权路 579 号 邮编：200433
网址：fupnet@fudanpress.com http://www.fudanpress.com
门市零售：86-21-65102580 团体订购：86-21-65104505
出版部电话：86-21-65642845
上海四维数字图文有限公司

开本 787 毫米×1092 毫米 1/16 印张 15.25 字数 362 千字
2025 年 10 月第 1 版第 2 次印刷

ISBN 978-7-309-16082-6/G·2336
定价：48.00 元